ÉTUDE DE DROIT DES GENS

AÉRONEFS SANITAIRES

ET

CONVENTIONS DE LA CROIX-ROUGE

PAR

Ch.-L. JULLIOT

DOCTEUR EN DROIT

MEMBRE DU COMITÉ DIRECTEUR DU COMITÉ JURIDIQUE INTERNATIONAL DE L'AVIATION
MEMBRE DU COMITÉ DE CONTENTIEUX DE LA LIGUE NATIONALE AÉRIENNE
OFFICIER D'ADMINISTRATION DE 2ᵉ CLASSE DU SERVICE DE SANTÉ (TERRITORIALE)

PRÉFACE DE M. RENÉ QUINTON

PRÉSIDENT DE LA LIGUE NATIONALE AÉRIENNE

PARIS

A. PEDONE, ÉDITEUR

de la " Revue générale de Droit International public "
et du " Recueil des Arbitrages Internationaux "
13, RUE SOUFFLOT, 13

1913

AÉRONEFS SANITAIRES

ET

CONVENTIONS DE LA CROIX-ROUGE

DU MEME AUTEUR

ÉTUDE DE DROIT DES GENS

AÉRONEFS SANITAIRES

ET

CONVENTIONS DE LA CROIX-ROUGE

PAR

Ch.-L. JULLIOT

DOCTEUR EN DROIT

MEMBRE DU COMITÉ DIRECTEUR DU COMITÉ JURIDIQUE INTERNATIONAL DE L'AVIATION

MEMBRE DU COMITÉ DE CONTENTIEUX DE LA LIGUE NATIONALE AÉRIENNE

OFFICIER D'ADMINISTRATION DE 2ᵉ CLASSE DU SERVICE DE SANTÉ (TERRITORIALE)

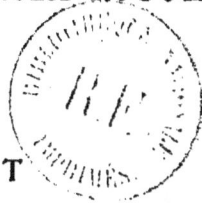

PRÉFACE DE M. RENÉ QUINTON

PRÉSIDENT DE LA LIGUE NATIONALE AÉRIENNE

PARIS

A. PEDONE, ÉDITEUR

de la " Revue générale de Droit International public "
et du " Recueil des Arbitrages Internationaux "

13, RUE SOUFFLOT, 13

1913

PRÉFACE

L'emploi de l'aéroplane à la recherche et au transport des blessés ne constitue pas au premier abord une thèse séduisante. « Voulez-vous de l'aéroplane ? On en a mis partout ». Puis, les faits mieux connus, la cause se justifie, s'empare de l'opinion, gagne la première manche du procès.

Car le problème est double, e. il doit être dissocié. Comme le font remarquer M. le sénateur Reymond et M. Charles Julliot, la recherche des blessés sur le champ de bataille est une question ; leur évacuation en est une autre. Examinons rapidement les deux faces du problème.

Si la première n'emporte pas du coup notre acquiescement, c'est que nous ne nous faisons pas une idée juste du champ de bataille. Nous le voyons volontiers comme la gravure nous le représente : une plaine nue, toute droite, avec une troupe exaltée qui avance, un affût de canon brisé, quelques blessés gisant, et une Victoire qui s'envole dans le ciel. La réalité est différente. Le front de combat mesure dix, vingt, trente kilomètres. Il est accidenté, coupé de ravins, de bois, dépourvu de routes. Les troupes avancent à travers champs et laissent derrière elles au hasard, selon les circonstances, perdus au milieu d'une campagne déserte, leurs blessés et leurs morts. Les morts peuvent attendre. Mais les blessés ? Qui s'occupe d'eux ? Vous me répondrez qu'à cette heure il n'y a qu'un sort qui importe, celui de l'armée tout entière, de la nation. D'accord.

Mais devons-nous, pour cela, gratuitement, laisser un jour, deux jours, trois jours, quatre jours et souvent plus, des centaines de blessés étendus sur le sol, y grelottant de fièvre et de froid, sans secours, sans abri, même sans vivres. L'expérience de toutes les guerres est là pour nous le dire. Ce délai de quatre et cinq jours avant la relève des blessés est un délai fréquent, constant. Pourquoi ? Faute d'un service chargé de ce soin ? Nullement. Pour une raison unique : parce que les blessés sont restés *ignorés*, parce qu'ils n'ont pas été *découverts*.

Les services médicaux, avec leurs ambulanciers, leurs voitures, existent bien à l'arrière. Mais où leur personnel doit-il se rendre ? Où gisent les hommes hors de combat ? Où les hécatombes se sont-elles produites ? Songez que, comme agent de liaison et d'information proprement dit, le médecin principal attaché à une division (10.000 hommes) dispose en tout et pour tout d'un cycliste. Nous touchons ici au nœud de la question.

En principe, c'est à l'Etat-Major de renseigner le médecin en chef de chaque division, de lui dire : « Tant de blessés, près de tel bois. Tant d'autres près de tel autre ». En fait, pendant la bataille, l'Etat-Major a des occupations supérieures ; la victoire à arracher au destin emploie ses forces ; rien ne fera, et cela est heureux, que des préoccupations médicales passent au premier plan. Puis où gisent les blessés ? L'Etat-Major le sait-il lui-même ?

Or, voilà qu'on vient nous dire : déchargez l'Etat-Major d'un service qui lui pèse, qui n'est pas dans ses attributions naturelles. Donnez par corps d'armée un seul aéroplane au service sanitaire. Cet aéroplane est suffisant pour explorer le front de combat et renseigner à tout moment les services d'ambulance sur les endroits précis où ils doivent se rendre pour accomplir leur besogne suprême. M. le sénateur Reymond en a fait l'expérience aux dernières grandes manœuvres. Il lui a suffi de quelques quarts d'heure pour explorer le champ de bataille, découvrir les blessés figurés et rapporter à M. le médecin divisionnaire les informations exactes que celui-ci attendait.

M. Charles Julliot soulève des questions de droit international. L'aéroplane sanitaire sera-t-il couvert par la convention de Genève ? La croix rouge qu'il portera sous ses ailes le mettra-t-il à l'abri du feu de l'ennemi ? Vraiment, il importe peu. La croix rouge, que les médecins de première ligne portent au bras, ne les protège pas des balles qui font des victimes autour d'eux. Qu'on tire sur l'aéroplane sanitaire, cela ne fera qu'ajouter à la noblesse de sa tâche.

Il semble donc que des expériences s'imposent aux prochaines manœuvres. Qu'on détache au corps de santé un aéroplane par corps d'armée, qu'on figure des blessés sur le champ de combat, que l'avion les découvre, leur envoie aussitôt des voitures d'ambulance : on verra dans quel temps la relève sera faite. La cause paraît entendue d'avance.

Reste la deuxième question : le transport des mêmes blessés par la voie de l'air. Nous le verrons réalisé, cela n'est pas douteux, car il demandera moins d'hommes, moins de chevaux et moins de temps qu'il n'en exige actuellement. Mais l'aviation n'en est pas encore là. Attendons quelques années. Nous en reparlerons alors. Que les juristes, toutefois, sans plus tarder, étudient le problème, au point de vue de la protection internationale.

Ce qui est immédiatement réalisable, c'est la découverte des blessés, qui attendent des jours et des nuits les premiers secours essentiels. Nul plus que moi ne hait le faux humanitarisme, qui déplace l'ordre des choses, fait passer au premier rang ce qui doit rester au deuxième. Mais si, sans nuire au sort des batailles, nous pouvons secourir plus tôt leur victimes héroïques, nous n'aurons pas démérité de la patrie ; nous lui aurons simplement apporté une organisation supérieure qui lui manquait hier et dont elle tirera de l'honneur.

RENÉ QUINTON,
Président de la Ligue Nationale Aérienne.

AÉRONEFS SANITAIRES

ET CONVENTIONS DE LA CROIX-ROUGE (1).

I

Comment se pose la question.

Lors de la dernière guerre, à la bataille de Tchorlu, il est resté 30.000 Turcs et 15.000 Bulgares étendus sur le sol. Voilà, disais-je tout récemment dans une conférence, parlant à des médecins et officiers du Service de Santé militaire (2), voilà qui est bien fait pour vous donner un avant goût des difficultés auxquelles vous vous heurterez dans la prochaine

Dans les Balkans. Un chariot de cholériques en panne, une roue de devant s'étant brisée.

campagne, lorsqu'il s'agira, d'abord de retrouver tous ces malheureux, ensuite d'évacuer les blessés et d'enterrer les morts. Les morts, eux,

(1) Un remerciement est adressé ici à l'*Illustration*, au *Caducée*, à la *Revue aérienne* et à *de Sirène*, à l'obligeance desquels sont dues en grande partie les gravures qui illustrent le présent ouvrage.
(2) Conférence faite au Cercle militaire de Paris le 16 janvier 1913.

pourront attendre, comme le dit M. Quinton. Mais les vivants, ceux qui ne sont que blessés et qu'un secours diligent pourrait sauver ? Que faire en présence de 45.000 victimes gisant sur un front de combat s'étendant sur plusieurs myriamètres. A Lûle-Bourgas le front de combat avait 70 kilomètres de largeur. Que faire avec les brancards, les litières, les cacolets, les voitures à deux et quatre roues faisant du 5 à 6 à l'heure, et encore quand l'état des chemins leur permettra d'avancer ? En Turquie, les champs de bataille étaient de véritables cloaques de boue. Nos voitures y enfonceront jusqu'au moyeu et même nos automobiles d'évacuation, aménagées si ingénieusement par M. le docteur O. Benoît et par M. le docteur Paul Michel et dont MM. les médecins principaux Boisson et Sabatier nous promettent à juste titre tant de bienfaits (1), pourront bien quelquefois rester en panne.

Brancard-automobile.

On a pensé à l'aéroplane ; on en met partout d'ailleurs. J'ai été l'un des premiers à dire que ce serait un auxiliaire précieux pour la recherche des blessés. D'autres ont songé à lui confier l'évacuation des victimes de la guerre.

Que faut-il en penser ?

Représentons-nous d'abord ce qu'est un champ de bataille moderne et ce qu'est l'organisme chargé de secourir nos blessés.

Ce qu'est un champ de bataille.
Comment sont organisés les secours.

Dans l'état actuel des règlements militaires et aux termes du décret du 26 avril 1910 sur le Service de santé en campagne, le traitement immé-

(1) *Le Caducée* du 23 juillet 1910 et du 4 janvier 1913.

diat, le relèvement et le transport des malades et blessés incombent au *Service de l'avant*, qui fonctionne sous la direction du Directeur du Service de santé du Corps d'armée, ayant sous ses ordres directs des médecins divisionnaires, à raison d'un par division d'infanterie. Le Service de l'avant comprend, d'une part, le *Service régimentaire* chargé de donner les premiers secours et, d'autre part, les formations sanitaires ci-après :

1° Les *ambulances*, dont la mission est triple :

Compléter l'action du Service régimentaire ;

Préparer l'évacuation des malades et blessés avec l'aide éventuelle des groupes de brancardiers dont il va être question ;

Assurer l'hospitalisation temporaire sur place ou à proximité du champ de bataille ;

2° Les *groupes de brancardiers*, destinés à relever et à transporter les malades et blessés jusqu'aux ambulances et éventuellement jusqu'à d'autres formations sanitaires ;

3° Les *sections d'hospitalisation*, qui transportent du matériel de complément pour les ambulances et leur fournissent, en cas d'immobilisation, les objets d'hospitalisation nécessaires.

Le *Service de l'arrière*, de son côté, dit aussi *Service des étapes*, est chargé de l'évacuation des malades et blessés sur les hôpitaux de l'arrière ou de l'intérieur. Au besoin il procède à l'hospitalisation sur place temporaire ou même permanente. Enfin il est un réservoir de réapprovisionnement en matériel du Service de santé de l'avant. Il lui fournit du personnel de remplacement et aussi des formations sanitaires complètes, pour suppléer celles qui viendraient à manquer ou qui auraient été immobilisées.

Le Service de santé de l'arrière est placé sous la direction du Médecin chef du Service de santé de l'armée, qui a auprès de lui un médecin, dit Chef du Service de santé des étapes. Ce Service comprend les *hôpitaux d'évacuation*, les *ambulances et sections d'hospitalisation d'armée*, les *infirmeries de gare, de gîte d'étapes et de port*, les *ambulances immobilisées*, les *hôpitaux et hospices temporaires ou permanents*, les *hôpitaux auxiliaires* organisés par les Sociétés d'assistance, les *dépôts de convalescents et d'éclopés*, les *stations-magasins*, la *réserve de personnel sanitaire d'armée* et la *réserve de matériel sanitaire d'armée*.

Éventuellement le Service de l'arrière pourra comprendre un *élément de convoi automobile* mis à la disposition du Service de santé par le général directeur des étapes et des Services de l'armée.

Normalement des hôpitaux d'évacuation, dont il vient d'être parlé, partent des *trains sanitaires d'évacuation* permanents ou improvisés et des *convois d'évacuation* par route ou par voie fluviale.

Telle est, dans ses grandes lignes, la vaste organisation destinée à secourir et soigner les victimes de la guerre. Il nous faut voir maintenant comment fonctionne cet organisme. Et d'abord représentons-nous un champ de bataille dans une guerre moderne. Avec la tactique et l'armement d'aujourd'hui sa physionomie est bien différente de ce que l'on voyait jadis. Dans un des derniers règlements de manœuvre de l'infanterie allemande, il est prescrit, paraît-il, que, si le terrain offre un certain abri, le tirailleur doit s'avancer sur les mains et les genoux, le fusil suspendu au cou par la bretelle. En terrain absolument plat et découvert il rampe sur le ventre, en se soulevant seulement sur les

Devant Andrinople : tranchées d'investissement.

coudes et il pousse alors peu à peu son fusil en avant de lui, à mesure qu'il avance. Ainsi « les troupes sont terrées, cachées dans les tranchées, masquées à l'abri d'ondulations de terrain. Le profil du champ de bataille apparaît comme désert. Le terrain est balayé par les rafales d'artillerie. L'infanterie s'avance par bonds, pour se terrer à nouveau, exécutant des feux à tir rasant qui balayent tout. On ne peut pas et on ne doit pas se tenir debout sur le champ de bataille » (1). D'où, pour le Service de santé, la nécessité de se plier à cette règle et

(1) Médecin principal Berthier, *Conférence faite au Cours d'instruction du Service de santé de Montauban*, le 1er mai 1909.

de subordonner sa tactique aux exigences nouvelles du combat, nécessité absolue de l'invisibilité de tout ce qui se meut dans la zone de feu, dit M. le médecin inspecteur Troussaint ; « d'où l'obligation de

Dans les Balkans. La ligne de feu à Mahmoudié.

savoir utiliser le terrain pour les mouvements de formations, de personnel, l'installation des postes sanitaires, qui doivent être, sur le champ de bataille, aussi invisibles que les autres troupes, tout en se conformant au principe que le secours doit aller au blessé » (1).

On aperçoit tout de suite la difficulté à laquelle on se heurtera, lorsqu'il s'agira de retrouver ces morts et ces blessés terrés là où ils ont été surpris par la balle de l'ennemi, ou bien encore là où ils ont pu se traîner une fois touchés, car l'homme blessé n'a qu'une pensée, se mettre à l'abri d'atteintes nouvelles, si ses forces et sa blessure le lui permettent. Il se blottit, nous dit M. le Dr Berthier, dans une tranchée, dans un fossé, derrière un talus, un buisson, derrière n'importe quel obstacle du sol, où il se sent protégé contre les projectiles. Comme le misérable ancêtre qui lui légua sa folie meurtrière, dit M. le Dr Helme (2), chaque homme atteint « ne songe plus qu'à se réunir aux malheureux frappés avec lui, afin de mettre en commun, pauvre animal blessé, ses souffrances et ses angoisses », et il se constitue ainsi ce que M. le médecin inspecteur Troussaint appelle des *nids de blessés*, refuges où

(1) Médecin inspecteur Troussaint, *La direction du Service de santé en campagne.*
(2) *Le Temps* du 21 décembre 1912.

ces malheureux, guidés par l'instinct de conservation, viennent se cacher à l'abri du feu. M. le Dr Follenfant nous apprend que les trois cinquièmes au moins du total des blessés sont capables de faire de longues routes et de s'évacuer eux-mêmes très loin.

Ces considérations, jointes à celle de l'étendue considérable du front des troupes déployées sur plusieurs kilomètres de largeur, nous donnent une idée des obstacles matériels auxquels se heurteront les groupes de brancardiers, je ne dis pas seulement pour relever et transporter les blessés, mais même pour les découvrir ; et voilà pourquoi on a pensé à faire appel à l'odorat du chien pour coopérer à cette recherche, et

Chien sanitaire rapportant le képi.

pourquoi s'est fondée cette belle œuvre qui porte le nom de *Société nationale du chien sanitaire*, dirigée avec un inlassable dévouement par son Président, M. Lepel-Cointet, et par M. le capitaine Tolet. Voilà pourquoi j'avais songé que l'on pourrait peut-être, pour cette exploration du champ de bataille, recourir à l'œil pénétrant de l'avion qui, planant au-dessus du champ de bataille et fouillant tous les replis de terrain, repérerait les nids de blessés et guiderait dans leurs recherches les équipes de brancardiers.

Un pareil secours venant d'en haut serait d'autant plus désirable que malheureusement, dans les guerres modernes, un temps très long s'écoule forcément entre le moment où l'homme tombe et celui où les brancardiers peuvent sortir de leurs cachettes, pour se mettre à leur recherche. Ce n'est pas seulement par prudence que ces brancardiers doivent rester cachés aussi longtemps que sévit la mitraille. Ainsi que le fait encore remarquer M. le Dr Berthier, le commandement ne permettrait jamais que le terrain fût jalonné par les allées et venues de ces brancardiers, ce qui aurait pour premier résultat d'indiquer à l'ennemi la position des troupes. On peut compter que pendant la bataille le terrain de combat sera le plus souvent inaccessible aux brancardiers et,

Ne trouvant pas de képi, le chien s'empare du fusil.

Aux manœuvres sanitaires de 1910.
Le Général Gérard, directeur des manœuvres et le Médecin inspecteur général Février suivent le travail des chiens.

qui plus est, l'on enseigne que les grandes batailles de l'avenir dureront plusieurs jours (1). Sur ce point tout le monde est bien d'accord et M. le lieutenant-colonel Boissonnet tient même pour certain qu'avec les perfectionnements de l'armement, les adversaires deviendront plus prudents, les combats traîneront et qu'en Europe les batailles pourront durer jusqu'à quinze jours comme à Moukden (2). En 1870 les batailles les plus décisives n'avaient duré qu'un jour, et cependant les statistiques nous fournissent des chiffres de disparus qui sont effrayants : à Rezonville 5.472 pour 1.367 tués et 10.402 blessés ; à Saint-Privat, 4.420 pour 1.146 tués et 6.709 blessés. Parmi ces disparus, fait-on remarquer à la *Société nationale du chien sanitaire*, combien sont de malheureux bles-

(1) Berthier, *Conférence faite aux manœuvres du Service de santé de Toulouse*, le 7 août 1906.

(2) *Les secours aux blessés*, p. 31. — Au début de ces batailles, les pertes seront faibles, mais, ainsi que le note M. le lieutenant-colonel Boissonnet (*op. cit.*, p. 22) on aurait tort de se laisser influencer par le petit nombre de soldats à soigner, car par la suite il augmentera beaucoup et aux blessés viendront s'ajouter les épuisés ; il ne faut pas perdre de vue en effet que c'est de jour et de nuit que les soldats engagés resteront sur le champ de bataille et sous le feu de l'ennemi.

sés qui se sont traînés dans un dernier effort vers les endroits abrités et y ont trouvé, au lieu du secours attendu, la mort faute de soins ; car, dans ces conditions, et surtout après les longues heures ou même les mortelles journées d'attente, les blessés sont trop faibles pour appeler ou pour sortir de leurs cachettes.

Après cette même bataille de Rezonville, qui avait eu lieu le 16 août, et après celle de Gravelotte du surlendemain, M. le médecin inspecteur Czernicki, parcourant ces champs de bataille le 19, raconte qu'il a trouvé deux blessés tombés dans la journée du 16, c'est-à-dire depuis trois jours, et réfugiés à une distance de 300 mètres environ l'un de l'autre dans des excavations à la lisière d'un bois. Ces malheureux n'avaient vu âme qui vive depuis le moment où ils avaient été blessés. Et cependant le terrain avait été parcouru par les belligérants et fouillé par les ambulances. Il est hors de doute, observe M. le médecin inspecteur Czernicki cité par M. le Dr Berthier, qu'un chien dressé les eût découverts. Ce n'est pas douteux, et l'on peut se demander si un aéroplane ne les aurait pas, lui aussi, et plus rapidement encore aperçus.

Pendant la guerre anglo-boër, nous apprend le *Medical Record* du 23 décembre 1899, « à la bataille d'Elandslaagte, le feu a cessé tard dans la nuit. De nombreux blessés ont passé la nuit sans secours sur le champ de bataille, par une pluie froide, sans pouvoir gagner l'ambulance ; sans doute beaucoup sont morts qui, relevés à temps, auraient pu survivre ».

On cite encore cette lamentable lettre du chirurgien Küttner publiée dans le *Münchener Medical Woch* en 1900 : « Nous venons de recevoir les blessés du laager de Cronje à la Modder River. Ce qu'ils ont dû souffrir dépasse toute description. Il n'y avait pas de secours médicaux. Les blessés sont restés dix jours dans les buissons, près de la rivière avec des feuilles de tabac pour tout pansement. Plusieurs ont été tués par les obus ou ont été blessés une seconde fois ». Et notre correspondant ajoute que, tandis que les blessés des premiers combats, qui étaient parvenus rapidement, ont donné aux médecins beaucoup de succès et peu de morts, il n'en a plus été de même pour ceux-ci, dont presque toutes les plaies étaient infectées, ce qui a nécessité de nombreuses opérations, et entre autres des amputations ; bon nombre de blessés sont morts, paraît-il, de septicémie et quelques-uns de tétanos.

Dans la guerre russo-japonaise, des blessés restèrent trois et quatre jours sans être relevés, et pendant l'hiver il en résulta, paraît-il, des cas de congélation. Ces constatations sont terribles. Ainsi que le fait remarquer M. le Dr Helme, vaincre d'abord, manger ensuite, soigner après, telle semble être dans son impérieuse concision la formule de notre haut commandement. Nous ne devons pas lui en faire grief, mais les malheureuses victimes de la guerre sont d'autant plus intéressantes à nos yeux que plus reléguées dans ses préoccupations.

Où l'on voit intervenir l'aéroplane.

L'expérience des dernières campagnes est donc un avertissement terrible, devant lequel on reste saisi d'anxiété, et l'on comprendra les préoccupations peut-être à certains égards chimériques, mais à coup sûr bien légitimes, de ceux qui se sont demandé si ces appareils aériens, dont les États-majors se sont saisis, pour en faire des engins de destruction, ne pourraient pas devenir, dans certains cas, des messagers de

Une voile ! Une voile ! (*Extrait du Bulletin de l'Aéro-club d'Amérique.*)

paix et de fraternité. M. Ader pense bien que l'emploi des aéroplanes dans les guerres modernes aura pour effet de diminuer le nombre des victimes dans les combats (1), mais il n'en reste pas moins que les aéroplanes militaires sont des instruments de mort. Peut-on demander à ceux-ci une coopération directe à la besogne de sauvetage ?

(1) C. Ader, *L'Aviation militaire*, 3ᵉ édition, Introduction, p. 1.

Problème de la recherche.

Cette question, je me l'étais posée, il y a longtemps déjà, et je venais
de traiter *a priori* pour la *Revue Générale de Droit International Public* (1)
le problème de droit des gens qu'elle soulève, lorsque le bruit se répan-
dit, au mois de septembre 1912, que M. le Sénateur Reymond allait, aux
grandes manœuvres du Poitou, se livrer à des expériences de recherche à
l'aide de l'aéroplane. Je n'eus pas le loisir de surseoir ; mon article était
composé ; il dut paraître sans tenir aucun compte de ces expériences.

Il n'en est plus de même aujourd'hui : nous pouvons actuellement
nous appuyer sur des données expérimentales et je commence par là.
M. le Dr Reymond, médecin major du cadre auxiliaire, nous a fait lui-
même dans le *Figaro* (2) le récit de ses expériences.

Chargé le 17 septembre d'explorer un vaste quadrilatère, il devait, du
haut de son monoplan Blériot, rechercher 300 blessés disséminés. Se
tenant à une hauteur variant entre 100 et 200 mètres, il a pu voir distinc-
tement les groupes de blessés, en évaluer le nombre et préciser très
exactement leur situation sur la carte. Revenu à terre, il est accueilli
par M. le Médecin inspecteur Troussaint et par M. Camentron, médecin
divisionnaire. Un peu confus, il doit tout d'abord avouer que des 300
blessés fictifs il en a reconnu tout au plus une centaine ; mais les figures
s'éclairent d'un sourire : on lui apprend que sur l'ensemble des blessés
prévus, on n'a pu disposer que du tiers de l'effectif.

M. le sénateur Reymond affirme en conséquence que le Service de
santé aura, quand on le voudra, dans l'aéroplane, un instrument précieux
de reconnaissance et de renseignement. Il ne s'agit pas cependant de
découvrir tous les blessés : « pour un peu on assimilerait l'aviateur aux
braves chiens dressés à découvrir les malheureux enfouis dans les
taillis ou les fossés ; — non, le rôle que peut jouer l'aéroplane est
rapide, utilisable sur une grande surface ; c'est en quelques minutes
qu'il peut voir la distribution générale des groupes de blessés ». Et
dans quelle étendue peut-il agir ? « L'expérience du 17 septembre est
intéressante à cet égard : les blessés appartenaient à une division ; le
quadrilatère dans lequel ils étaient répartis mesurait 4 kilomètres par
son plus grand côté ; c'est en treize minutes que le terrain choisi a été
enveloppé. Il a dû être ensuite exploré au moyen d'une série de cour-

(1) N° de novembre-décembre 1912.
(2) *Le Figaro* du 13 octobre 1912. V. *infrà*, annexe XI.

bes qui, en faisant passer plusieurs fois au même point, pouvaient prêter à certaines erreurs. L'observation aérienne est beaucoup plus facile en lignes droites prolongées, parce que les points de repère choisis, étant lointains, sont faciles à conserver. Il y a tout intérêt à ce que l'exploration porte sur une zone plus étendue : celle qui correspond à plusieurs divisions combattant de front est plus facile et presque aussi rapide que celle d'une seule division : ceci revient à dire qu'un avion suffit pour un corps d'armée. Or, c'est justement le médecin directeur du Service de santé du corps d'armée qu'il est utile de renseigner au plus tôt. C'est lui qui, pendant et après la bataille, doit prendre les décisions rapides, les communiquer aux médecins divisionnaires, savoir si les moyens dont chacun dispose sont en rapport avec les pertes, s'il doit avoir recours aux réserves sanitaires. Combien sa tâche peut être facilitée par l'aviateur qui, parti sur son ordre, revient peu après, lui disant : « L'action s'est engagée dans telle direction, à telle distance ; le « champ de bataille a telle étendue de front, telle profondeur ; les « blessés, dont le nombre est approximativement de tant, sont répartis « par groupes dont les plus importants sont à tels points. » Ce rôle sera plus précieux encore si le corps d'armée, vainqueur ou vaincu, a abandonné ses emplacements, laissant le médecin directeur remplir provisoirement les fonctions de médecin-chef du champ de bataille. Il sera pour lui non seulement un instrument d'exploration, mais aussi de liaison des plus utiles : bien mieux, si les pertes sont telles que les pansements fassent défaut en certain point, il est à même d'aller en chercher aux réserves et d'en rapporter 150 ou 200 kilogs au point où l'on en manque ».

M. le Dr Reymond conclut ainsi à l'attribution d'un avion par corps d'armée. Cette conclusion est corroborée par M. le Dr Teste, médecin aide-major de 1re classe des troupes coloniales, qui, dès l'année 1910, avait fait au Camp de Châlons des expériences de recherche des blessés, dont il nous donne le compte rendu fort instructif dans *Le Caducée* du 19 octobre 1912 (1).

Ainsi de l'aveu de M. le Sénateur Reymond, de l'aveu de M. le Dr Teste, de l'aveu de deux précurseurs, dont il va être reparlé, M. le Dr de Mooy et M. le Dr Duchaussoy, de l'aveu enfin de plusieurs directeurs de notre Service de santé, dont j'ai recueilli les opinions, mais dont je ne suis pas autorisé à citer les noms, la recherche des blessés au moyen de l'aéroplane est matériellement possible et dès actuellement réalisable. En est-il de même de l'évacuation par ce mode de transport ?

(1) V. *infrà*, annexe XII.

Problème de l'évacuation.

L'honneur d'avoir proposé, le premier, l'utilisation des aéroplanes à l'évacuation et aussi d'ailleurs à la recherche des blessés semble devoir être reporté à cet ancêtre dont je viens de prononcer le nom, à M. le Dr de Mooy, Général-major du Service de santé de l'armée hollandaise, en retraite, qui a publié ses premiers travaux sur la question en 1910 (1).

Au commencement de l'année dernière, sur l'initiative de M. le professeur Duchaussoy, l'Association des Dames Françaises mettait cette question à l'ordre du jour de ses travaux, instituait une Commission, et cette Commission élaborait un projet de règlement pour un concours d'aéroplanes destinés au transport des blessés (2).

Saisi de la question, le ministère de la Guerre a trouvé cette conception prématurée (3). Je m'empresse de dire que c'est un peu l'avis de tout le monde, de M. le sénateur Reymond, de M. le Dr Teste (4) et aussi d'un homme qui fait autorité, M. le Dr Mareschal, médecin inspecteur du cadre de réserve (5). C'est également l'avis que j'ai soutenu.

D'autres auteurs parmi lesquels il faut citer les Drs Perret et Eybert, qui emboîtent résolument le pas derrière leurs aînés, MM de Mooy et Duchaussoy, plaident au contraire avec éloquence, et en vue d'une application immédiate, la cause des avions transporteurs de blessés (6).

Pour prématuré que soit le problème, son étude ne s'en impose pas moins. En matière d'aviation, pour arriver à point il faut partir prématurément. Ce n'est donc pas perdre son temps que de frayer les voies.

Aussi bien, tandis que je songeais à faire appel à l'œil scrutateur de l'oiseau, MM. Perret et Eybert réclamaient pour nos braves son aile secourable, afin de les emmener, selon l'expression de celui-là, mourir plus près des leurs, et, ajouterai-je, pour, dans la mesure du possible, leur épargner cette mort, même glorieuse, en les transportant au plus tôt à portée des soins appropriés.

Ce sont deux choses distinctes que le premier transport après relève-

(1) *De Sirène*, 17 décembre 1910 (V. *infrà*, annexe 1).
(2) V. *infrà*, annexes III à VII.
(3) Questionné par la voie du *Journal officiel* par M. le député P. Bignon, sur la question de savoir si le projet de l'*Association des Dames Françaises* avait été étudié, M. le ministre de la guerre a répondu textuellement : « Dans l'état actuel de l'aviation, il paraît prématuré d'envisager le transport, en temps de guerre, à l'aide du biplan, de certaines catégories de blessés. »
(4) *Le Caducée* du 19 octobre 1912 (Annexe XII).
(5) *Le Caducée* du 6 juillet 1912 (Annexe X).
(6) V. *infrà*, annexes VIII et XIII.

ment, qui est normalement (1) l'œuvre du Service de l'avant, et l'évacuation proprement dite, qui incombe tantôt à l'ambulance, formation de
l'avant, tantôt aux formations de l'arrière et notamment à l'hôpital d'é-
vacuation.

Le premier transport incombe donc aux unités chargées du relèvement : le Service régimentaire, les groupes de brancardiers et subsidiai-
rement l'ambulance. Normalement ce relèvement et ce transport seront
assurés « conjointement par les brancardiers régimentaires et ceux des
groupes de brancardiers de corps, sous la réserve, pour ces derniers,
d'adapter leurs moyens de transport à la nature et aux difficultés du terrain dont ils devront épouser scrupuleusement les défilements, pour
échapper aux projectiles » (2).

Brancardiers armés du support-brancard du Dr Le Maguet.

Le Service régimentaire organise, aussi proche que possible de la ligne
de feu, ce que l'on appelle des *postes de secours*, et aussi proche que
possible cela représente encore, eu égard à la portée des armes modernes, une moyenne de 2 à 3 kilomètres. Ces chiffres sont fournis par
les historiens de la guerre russo-japonaise, et M. le Médecin inspecteur
Troussaint donne comme normal ce dernier chiffre de 3 kilomètres.

Il ne faudrait cependant pas croire qu'avant 2 à 3 kilomètres les
blessés ne puissent recevoir aucun soulagement. Ainsi que l'enseigne
encore M. le Dr Troussaint, « les premières pertes s'accusent déjà à une
très grande distance de l'ennemi et imposent le déploiement prématuré

(1) M. le Médecin inspecteur Troussaint enseigne que le Service de l'arrière, lorsqu'il entre en action après la bataille, achève la recherche et le relèvement des blessés.
(2) Médecin inspecteur Troussaint, *op. cit.*

des troupes, nécessitent à leur contact immédiat un rideau de secours léger et mobile comme elles, fait de petits postes sanitaires appelés *refuges de blessés*, antennes avancées du poste de secours régimentaire tenu forcément à distance » (1). Nous avons vu que tout près de la ligne de feu il se forme naturellement des nids de blessés ; ces agglomérations constituent des places de pansement où les brancardiers régimentaires, sous la conduite des médecins auxiliaires, pourront donner les premiers soins et faire les premiers pansements (2).

Ce premier trajet du champ de bataille au poste de secours ne sera, malheureusement pour beaucoup, que la première étape, car les postes de secours ne peuvent fournir que des soins très sommaires. Si l'on excepte les blessés légers qui, pansés et réconfortés à ce premier échelon, pourront retourner à leur poste de combat, les hommes atteints plus gravement seront dirigés sur l'ambulance. Celle-ci, lorsque ce sera possible (3), se transportera d'elle-même au devant d'eux (4) et aussi près que possible du lieu où sont installés les postes de secours et, s'il est besoin, elle s'immobilisera avec l'aide des sections d'hospitalisation, devenant ainsi, sans déplacement ou tout au moins sans transbordement des malades, ce qu'était autrefois l'hôpital de campagne. Le matériel interchangeable dont sont pourvues les nouvelles unités du Service de santé modèle 1910, permet ce progrès considérable sur les pratiques anciennes.

Mais les choses ne pourront malheureusement pas toujours se passer aussi simplement. Il arrivera que l'ambulance ne puisse parvenir jusqu'au lieu où se trouve le poste de secours ; les brancardiers devront donc amener les blessés du poste de secours à l'ambulance, et ce sera la deuxième étape. M. le Dr Berthier place normalement cette ambulance à 5 ou 6 kilomètres de la ligne de feu, ce qui représente, pour cette seconde étape, un parcours de 2 à 3 kilomètres ; mais il faut espérer qu'avec l'allègement de l'ambulance résultant de la création des groupes de brancardiers, cette distance pourra être souvent abrégée.

(1) Médecin inspecteur Troussaint, *op. cit.*
(2) Médecin major de 1re classe Gorse, *Conférence faite à la section régionale du 1er Corps d'armée, à Lille, le 19 mai 1912.*
(3) S'il s'agit d'un combat de rencontre, disait M. le Dr Berthier dans sa conférence de 1906, ou si la bataille, qui a duré plusieurs jours, est terminée, et que les troupes se portent en avant, l'ambulance pourra venir s'installer sur le terrain même de la lutte, relevant les postes de secours qui suivent leurs régiments. Dans ces conditions, elle opère elle-même le relèvement des blessés et leur donne sur place les secours nécessaires avant de les évacuer.
(4) « Désormais, dit M. le Dr Helme, le blessé ne va plus à elle, c'est elle qui va à lui, et cette réforme réalisée hier, aura des conséquences heureuses, incalculables ». *Le Temps* du 21 décembre 1912.

Ce n'est pas tout. Les blessés, qui n'ont pas été renvoyés au feu par le poste de secours, se diviseront eux-mêmes en trois catégories : les intransportables, qui demandent à être soignés sur place ; une ambulance du Service de l'avant ou de l'arrières'immobilisera à cet effet ; les blessés légers, qu'il importe également de soigner sur place, afin que, rétablis, ils soient à portée de l'armée ; et enfin les blessés graves, mais transportables. Ces derniers doivent être évacués sur l'arrière ou sur l'intérieur (1) ; ils sont évacués soit par les brancardiers avec le secours des moyens de transport dont ceux-ci disposent, soit au moyen de *trains sanitaires* ou de *convois d'évacuation* par route, par voie fluviale ou enfin automobiles.

Les moyens de transport de l'avant, dont disposent les brancardiers, sont rien moins que rapides. Ce sont les brancards, les brouettes porte-brancards, les petites et grandes voitures pour blessés et enfin les cacolets. M. le Médecin inspecteur Troussaint nous renseigne sur la vitesse de marche de ces moyens de transport ; elle est, dit-il, au maxi-

---

(1) L'évacuation des blessés loin du champ de bataille a beaucoup de partisans de nos jours. En règle générale, a même dit le docteur Chenu, tous les blessés sont transportables. Cette idée était déjà préconisée par Larrey qui, à la bataille d'Eylau, conseilla énergiquement à l'empereur l'évacuation au loin de tous les blessés et la dissémination dans les villes situées sur la Vistule. Il soutenait qu'il valait mieux les exposer aux fatigues d'un voyage long et pénible, plutôt que de les laisser mourir sur place d'accidents auxquels il serait impossible de remédier (Lieutenant-colonel Boissonnet, *Les secours aux blessés*, p. 23). Cet auteur ajoute : « De nombreux médecins sont d'avis d'éviter tout transport aux soldats gravement blessés et de les immobiliser le plus qu'on pourra. Incontestablement, dans des circonstances normales, on doit éviter tout mouvement à des blessés, mais à proximité d'un champ de bataille où trouvera-t-on des lits pour tous ces hommes gravement atteints, des médecins et des infirmiers pour les soigner ? Comment leur procurera-t-on le bon air et le calme indispensables à leur guérison ? Au contraire, ce sont les gravement atteints qu'il faut sortir les premiers des lits de fumier où ils agonisent et éloigner du champ de bataille ainsi que de l'agitation et du bruit qui y règnent ». — De ces sages paroles il convient de rapprocher cette constatation due à M. le Dr Ball de la Société nationale anglaise : Les Allemands ne connaissent rien de la crainte pusillanime de la presse ; ils sont humains et non humanitaires. Ils ne disent pas : « Un homme peut-il être transporté sans danger ? » Mais bien : « A-t-il plus de chance d'être guéri en étant transporté qu'en restant ? » S'il en est ainsi, quoi qu'il puisse souffrir du voyage, le blessé doit être transporté. Quoiqu'il puisse mourir en route, on doit courir le risque du transport.

Ajoutons cependant que l'accord est loin d'être fait sur ce point et une discussion passionnée se poursuit encore actuellement sur ce point à la Société de médecine militaire (V. le Bulletin de cette société et *Le Caducée* du 4 janvier 1913 : *Le transport des blessés*, par M. le Médecin principal de 1re classe Boisson.). M. le médecin major de 1re classe Legrand qui, dans *Le Caducée* du 1er février 1913, relate les premiers enseignements de la guerre balkanique, rapporte, d'après M. Lefort, que dans les armées serbobulgares les évacuations totales et les transports, dans des contrées accidentées, furent lents, précaires, pénibles et que, malgré cela, les blessés sont arrivés au terme de leur voyage dans un état satisfaisant.

mum de 2 kil. 500 à l'heure, et il est possible, ajoute-t-il, d'après certaines données numériques qu'il nous fournit, « de calculer le temps nécessaire au relèvement des blessés, en tenant compte de l'estimation, faite antérieurement à la guerre russo-japonaise, que la dispersion des blessés sur le champ de bataille impose un parcours moyen de 3 kilomètres à chaque équipe de brancardiers, pour atteindre le poste de secours ou

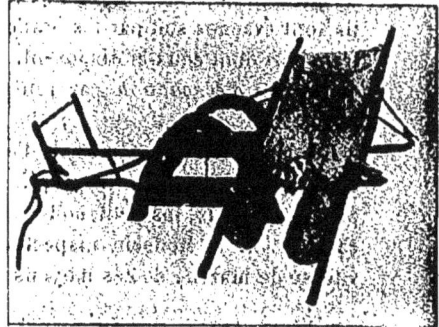

Le brancard universel du médecin-major de 1re classe Eybert.

la formation sanitaire la plus proche. Cette estimation n'a pas été diminuée par l'éloignement des formations, conséquence de la portée de l'armement actuel » (1).

(1) Médecin inspecteur Troussaint, *op. cit.*

Sur la défectuosité des moyens de transport de l'avant, comme sur celle des évacuations proprement dites, tout le monde est bien d'accord. « Qui ne se rend compte, dit M. le Dr Perret (1), des difficultés inouïes que l'on éprouverait dans une guerre européenne, pour opérer une évacua-

Une voiture à deux roues au Maroc. Le retour vers Meknès du capitaine Corbel.

tion rapide et aussi confortable que possible des blessés, au milieu des innombrables convois qui encombrent les routes en arrière des armées. Or, la rapidité et le confortable (2) ne sont-ils pas les premières qualités à exiger d'un convoi d'évacuation ? Que penser alors des voitures de réquisition, simples chars, le plus souvent aux ressorts de paille, qui mettront quelquefois des journées pour faire quelques kilomètres (3) ? Il ne

(1) *L'Aéro* du 25 mars 1912 ; *Le Caducée* du 18 mai 1912 ; *La France Coloniale* des 15 juillet et 15 octobre 1912 (Annexe VIII).

(2) Les premiers soins et le transport des blessés ont une importance énorme pour leur guérison et on peut dire avec le professeur Jossel que la mort d'un quart des blessés est due aux défectuosités des moyens de transport et au retard d'un premier pansement fait avec méthode et au moment opportun. C'est ainsi, d'après le rapport de M. le Dr Grellois, que la plupart des blessés amenés de Gravelotte à Metz, six jours après la blessure, n'ayant reçu aucun pansement ou ayant été pansés trop à la hâte, ne tardèrent pas à succomber.

(3) En 1870, nous n'avions guère comme moyens de transport que des charrettes de paysans. « Qu'on se figure, écrivait M. le Dr Sarazin (*Récits de la dernière guerre*) un homme atteint de fracture par coup de feu aux membres inférieurs ou même amputé : toute secousse, fût-elle légère, provoque chez lui de vives douleurs ; que deviendra pour lui un voyage de trois heures avec les cahots sur une route accidentée et rendue

faudra pas compter, en effet, sur les commodités d'une voie ferrée : si l'ennemi est refoulé, ... il est bien probable que son premier soin aura été de la rendre inutilisable. D'autre part, les passages successifs du blessé dans les différentes formations sanitaires avant son évacuation définitive ne sont pas pour faire gagner du temps ni du confort ».

Le record de la lenteur. Une charrette portant des corps.

Voilà pourquoi on a envisagé la possibilité d'avoir recours à la voie aérienne pour ce service, étant entendu que, au moins pour débuter, son emploi serait réservé aux seuls blessés gravement atteints, c'est-à-dire à peu près à 20 0/0 du nombre total des blessés, « à ceux, comme le dit M. le Dr Eybert (1), qu'une nécessité urgente oblige à chercher à de longues distances les ressources thérapeutiques spéciales qu'il est impossible d'amener à pied d'œuvre, au milieu d'une zone où l'insécurité domine et où l'encombrement exclut toute intervention délicate ». On peut se rendre compte immédiatement, dit M. Perret, des immenses avantages résultant de cet emploi, et il les développe en ces termes : « Le confort envisagé au point de vue spécial de la suspension est idéal, si bien même que la catégorie des blessés considérés jusqu'ici comme intransportables disparaît à peu près complètement. Or, ce sont précisément ces intransportables qui compliquent étrangement le Service de santé de l'avant, puisqu'ils immobilisent sur place un personnel et un matériel considé-

presque impraticable par le passage de toute une armée et d'une nombreuse artillerie ? » C'est cependant, nous dit M. le Dr Sarazin, dans ces conditions-là que se sont faites notamment les évacuations des embulances de Frœschwiller sur Haguenau.

(1) *Le Caducée* du 2 mars 1912 (Annexe XIII).

rables. La rapidité d'évacuation n'est-elle pas idéale aussi? L'avion sanitaire suivant la ligne droite, libéré des encombrements sous-jacents, protégé par ses insignes de neutralité, se fera un jeu, en quelques minutes, d'aller déposer son précieux fardeau assez loin en arrière, dans une zone calme, en tous cas proche d'une voie ferrée ou navigable, qui permettrait la continuation du transport par trains sanitaires ou convois de bateaux ».

L'auteur de ces lignes ne paraît pas douter de la possibilité de protéger l'avion sanitaire au moyen des insignes de la neutralité. Sur ce point je dois, en passant, faire toutes réserves, car là gît, à mes yeux, toute la difficulté dont l'étude va s'imposer dans quelques instants.

Sous le bénéfice de cette observation, je ne serais pas loin de penser avec M. Perret que le transport au moyen des aéroplanes, *s'il était reconnu possible*, pourrait amener la suppression des formations sanitaires intermédiaires. « Une seule formation, assez rapprochée de la ligne de feu pour collecter facilement les blessés, assez éloignée pour n'avoir pas trop à souffrir du feu de l'ennemi, quelque chose comme l'ambulance légère prévue par le nouveau règlement. Là, les blessés recevraient le complément des soins urgents commencés par le Service régimentaire, et surtout seraient mis en état d'évacuation. C'est à proximité de son emplacement que l'aéro viendrait atterrir et opérer son chargement.

« Peut-être n'y aurait-il pas lieu de supprimer complètement les sections d'hospitalisation destinées, en s'adjoignant à l'ambulance, à la transformer en hôpital temporaire, mais on pourrait, dans de grandes proportions, en restreindre le nombre et l'importance.

« A quelque vingt ou trente kilomètres en arrière, peut-être plus, en tous cas à une distance qui ne saurait compter pour un avion, un centre serait constitué, sur une voie ferrée ou fluviale de préférence, où s'opérerait la concentration des évacués. Un hôpital, l'hôpital d'évacuation actuel par exemple, y serait installé et aurait pour mission : 1° de soigner sur place les blessés incapables de continuer le voyage ; 2° de diriger les autres sur l'intérieur, en organisant les trains sanitaires ou les convois de bateaux ».

M. le Dr Perret prévoit une objection. Les avions sanitaires, en attendant le moment de leur emploi, ne vont-ils pas, chargés sur leurs camions, contribuer à l'encombrement général ? Nullement, répond-il ; l'aéroplane peut suivre de très loin la troupe à laquelle il est attaché ; sa vitesse et surtout l'absence d'obstacles sur sa route lui permettent, quelques minutes après la réception de l'ordre, de rejoindre le point où l'on a besoin de lui (1). De même, ajoute-t-il, le convoi de ravitaillement indispensable peut s'immobiliser en arrière, près de l'hôpital d'évacuation par exemple, prêt à s'avancer s'il en est besoin.

Ceci posé, il restait à l'auteur de la proposition qui nous occupe, laquelle remonte déjà au mois de mars 1912, plusieurs questions capitales à envisager. Je lui laisse la parole, en priant que l'on veuille bien tenir compte, d'une part, de son optimisme peut-être exagéré et, d'autre part, des modifications apportées aux données du problème par les progrès incessants de l'avionnerie.

Donc la plus importante des questions à résoudre était peut-être celle de l'aménagement de ces appareils à destination très spéciale. « Et d'abord, combien d'hommes couchés chaque avion pourra-t-il transporter ? Il est bien difficile de fixer un chiffre définitif. Prenant pour base un appareil du Concours militaire pouvant enlever 300 kilos plus l'essence et l'huile pour 300 kilomètres, ..ous voyons déjà que nous pouvons faire un sérieux gain de poids sur le combustible. Nos appareils n'auront à parcourir qu'une distance toujours assez faible, 60 ou 80 kilomètres au plus ; ils n'auront pas à prévoir un grand excédent de puissance, puisqu'il ne leur sera jamais demandé de s'élever très rapidement. Il semble donc que, avec le matériel nécessaire, il n'est pas téméraire de penser qu'on pourrait actuellement enlever quatre blessés couchés : c'est exactement ce que transporte une voiture à quatre roues qui fait cinq à six kilomètres à l'heure en route excellente et libre. Il est du reste parfaitement raisonnable de compter d'ici peu sur un chiffre beaucoup plus élevé, huit ou dix, par exemple ».

En ce qui concerne la question de l'aménagement de ces blessés, M. Perret ne la croit pas très difficile à résoudre. En tous cas, dit-il très justement, nos constructeurs ont montré qu'ils savaient venir à bout de bien d'autres difficultés. A eux également de rechercher lequel, du biplan ou du monoplan, se prête le mieux à ce genre d'adaptation.

Sur ce point, M. le Dr Eybert nous donne plus de précisions.

« On ne s'imagine pas, dit-il, sur nos biplans actuels, six blessés plus ou moins habilement répartis au-dessus et au-dessous des ailes inférieures, exposés aux chocs à l'atterrissage, aux projections d'huile et aux violents courants d'air de la marche ». La solution, pour lui, est tout autre : « L'avion militaire... est une véritable torpille aérienne, à l'avant parabolique, au corps fusiforme, à hélice postérieure. Le moteur se trouve à l'union du tiers antérieur aux deux tiers moyens, le pilote

_____

(1) L'expérience acquise au cours des dernières grandes manœuvres de l'Ouest confirme entièrement la justesse de ce point de vue.

immédiatement en avant de lui, et l'avant parabolique, entièrement creux, constitue la chambre où se placent indifféremment les observateurs, les mitrailleuses ou les blessés ».

Ce sont là problèmes de détail, dont les spécialistes, si l'on en était là, auraient vite fait de nous fournir la solution. Mais auparavant je demande si ces spécialistes ne devraient pas être consultés sur une question préjudicielle, à savoir si la tâche de transporter les blessés par la voie aérienne, à supposer cette voie reconnue praticable, n'incomberait pas plutôt aux dirigeables qu'aux aéroplanes : ces véhicules, par leurs dimensions et leur puissance de traction, ne seraient-ils pas susceptibles de transporter un nombre bien plus considérable de malades et dans des conditions de confortable paraissant au premier abord bien supérieures ? D'aucuns prétendent que les aéroplanes sont destinés à se substituer entièrement aux dirigeables en ce qui concerne le service de reconnaissance. S'il en devait être ainsi, ne conviendrait-il pas de songer à utiliser certains de ceux-ci pour les besoins du Service de santé ? Je laisse le soin de résoudre ce problème à de plus compétents que moi (1), et je reviens bien volontiers à l'avion sanitaire de M. le Dr Perret. « Comme rendement, dit-il, l'aéroplane atteindrait facilement un chiffre énorme, si on le compare aux autres modes d'évacuation. En six heures (quatre heures de vol effectif, deux heures pour les chargements), un seul appareil pourrait évacuer, à raison de huit blessés par voyage, une cinquantaine de blessés à 30 kilomètres en arrière de la ligne de feu. En six heures, une voiture d'ambulance transportera bien, à la même distance, quatre blessés couchés, et dans quelles conditions !... Mais il lui faudra le même temps pour revenir à son point de départ et être utilisée à nouveau... si l'état de ses chevaux le permet !... »

Et voici la conclusion : « Rapidité, confort, grand rendement, simplification appréciable et allègement des formations sanitaires de l'avant, évacution immédiate à grande distance, sans intermédiaires, tels sont donc les énormes avantages que présenterait l'emploi des aéroplanes par le Service de santé de l'armée ».

L'industrie ne se désintéresse pas de ce problème ; elle paraît même avoir pris à cœur de le résoudre, orientée dans cette voie par l'annonce du concours de l'*Association des Dames françaises*.

Il est à ma connaissance notamment qu'un modèle de ce genre a été construit par M. Marcel Riffard avec la collaboration des aviateurs Martinet et Legagneux.

Je sais que la maison Deperdussin étudie un monoplan sanitaire, mais il n'est pas encore au point.

(1) J'y reviendrai cependant plus loin.

Enfin j'ai vu à la dernière exposition de la locomotion aérienne une réduction d'une aérambulance établie par un constructeur du nom de Ribes qui paraît très ingénieuse.

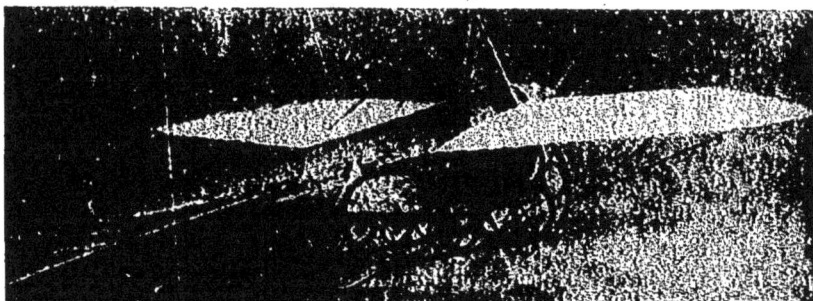

L'aérambulance J. Ribes.

L'aérambulance en plein vol.

Toutes ces tentatives sont à encourager ; elles ne paraissent malheureusement pas d'une application immédiate possible. Ce n'est assurément pas l'avis de M. le Dr Perret. A ceux qui lui objectent qu'en l'état actuel de la navigation aérienne cette réalisation est chimérique et que ses idées sont prématurées, il répond avec toute son ardeur : « Qu'ils jettent un regard en arrière et réfléchissent qu'en matière d'aviation les progrès devancent les rêves les plus osés. La sécurité elle-même, si désirable que soit son perfectionnement, est actuellement parfaitement suffisante ; et pas un blessé n'hésiterait à se confier à l'aéroplane, qui reculerait devant les souffrances et les dangers plus sûrs encore d'un transport par voie de terre. L'augmentation de la sécurité nous permettra surtout, condition essentielle, de voler par pesque tous les temps ».

Là est précisément l'illusion de M. Perret. Le problème de la sécurité n'est pas résolu et aussi longtemps qu'il restera en suspens, ses avions de transport devront recevoir défense de quitter le sol. Tel est bien l'avis de M. le D' Reymond. Autant que lui, j'ignore si l'avenir permettra de résoudre ce problème, mais en attendant je ne puis qu'applaudir à ses paroles, lorsqu'il s'élève contre la confusion que l'on a faite entre ce projet d'évacuation encore prématuré et celui, réalisable dès maintenant, de la recherche des blessés.

On s'est ainsi beaucoup préoccupé, dans ces derniers temps, des applications possibles de l'aéroplane au Service de santé ; mais il est un côté de la question qui paraît avoir échappé à toutes les prévisions : c'est le côté juridique. C'est cette face du problème que je m'efforce depuis quelque temps de mettre en lumière, et c'est à grand' peine, car le problème de droit des gens qui se pose est terriblement ardu.

Question de droit des gens. — La neutralité.
Convention de Genève de 1864.

La question se pose ainsi qu'il suit : le bénéfice de la neutralité pourrait-il, dans l'état actuel des relations diplomatiques, être reconnu à un aéroplane qui, se conformant aux prescriptions des conventions de Genève, se donnerait pour mission soit de rechercher les blessés du champ de bataille, soit de les recueillir pour les évacuer ?

A cet égard la convention du 22 août 1864 dispose, dans son article 1er : « Les ambulances et les hôpitaux militaires seront reconnus neutres, et, comme tels, protégés et respectés par les belligérants aussi longtemps qu'il s'y trouvera des malades ou des blessés ».

L'article 2 énumère les personnels qui participeront au bénéfice de la neutralité, soit notamment ceux des Services de santé, d'administration et de transport des blessés.

A l'article 6 on lit que les évacuations, avec le personnel qui les dirige, seront couvertes par une neutralité absolue.

Enfin, à l'article 7, il est dit qu'un drapeau distinctif et uniforme, soit celui de la Croix de Genève, sera adopté pour les hôpitaux, les ambulances et les évacuations et qu'il devra être, en toutes circonstances, accompagné du drapeau national.

Telles sont, à notre point de vue, les seules dispositions à retenir de la convention de 1864.

On sait que cette convention est encore en vigueur entre belligérants n'ayant pas tous adhéré à celle du 6 juillet 1906.

Transportons donc pour le moment nos aéroplanes dans le champ d'application de cette première convention et reprenons les données du problème. L'un des belligérants, soit au cours d'une bataille, soit après la cessation du feu, élève dans les airs un avion battant pavillon national et pavillon de la Croix-Rouge (art. 7 de la convention de 1864). Cet avion n'est monté que par des médecins militaires, des officiers d'administration, des infirmiers ou des brancardiers, tous pourvus du brassard de neutralité (art. 2). Cet appareil explore en tous sens le champ de bataille, repérant sur une carte à grande échelle les points où se trouvent les nids de blessés et les blessés isolés ; ou bien, restant en communication radio-télégraphique avec les brancardiers demeurés à terre, il les renseigne sans perdre une minute. La question se pose de savoir si l'ennemi aura le droit de tirer sur cet aéroplane.

Restant pour le moment dans les termes de la convention de 1864, je n'hésite pas à répondre par l'affirmative.

Et je m'empresse de dire que ce ne sont pas les articles 1 et 2 qui me suggèrent cette réponse. On a vu qu'aux termes de ces dispositions, les formations sanitaires sont protégées *aussi longtemps qu'il s'y trouve des malades ou des blessés* et que le personnel lui-même participe au bénéfice de la neutralité *lorsqu'il fonctionne et tant qu'il reste des blessés à relever ou à secourir.*

Ces dispositions ne sauraient nous arrêter. En ce qui concerne le matériel, on admet que la disposition précitée de l'article 1er ne saurait être prise à la lettre, « car elle semble permettre la capture d'une ambulance actuellement vacante, en marche pour rejoindre son armée, ce qui serait contraire à l'esprit de la convention qui veut que les établissements sanitaires ne soient pas détournés de leur destination. Aussi bien cette restriction demeure-t-elle sans portée dans la pratique, qui reconnaît l'immunité des établissements sanitaires en toutes occasions » (1). A n'envisager le problème que de ce côté, il n'y aurait donc aucune difficulté, ce qu'on dit du matériel d'une ambulance pouvant s'appliquer à l'avion sanitaire qui, par hypothèse, serait assimilé à une voiture du Service de santé.

Encore moins de difficulté en ce qui touche le personnel neutralisé montant l'aéroplane ; dans l'espèce ce personnel fonctionnerait et il y aurait des malades et blessés à relever et à secourir. Et mieux, l'on n'admet pas en pratique que l'immunité du personnel cesse lorsque ce personnel est momentanément inoccupé, notamment lorsqu'il n'accompagne actuellement aucune ambulance ou lorsqu'il n'y a ni blessés ni malades dans l'ambulance à laquelle il est affecté.« Il y a là une restric-

(1) Fauchille et Politis, *Manuel de la Croix-Rouge*, p. 39.

tion inadmissible,et qui n'a jamais été admise. Dans la pratique, le personnel est protégé en toutes circonstances, et il doit l'être sous peine d'entraver sa mission » (1).

Il y a cependant une circonstance dans laquelle ce personnel cesse d'être protégé, et MM. Fauchille et Politis ont le soin de mentionner cette exception aussitôt après l'énoncé de la règle que je viens de leur emprunter : « L'esprit même du texte, disent-ils, implique que l'immunité n'appartient au personnel sanitaire qu'autant qu'il s'abstient, de son côté, de toute immixtion dans les hostilités ». Voilà bien le principe de droit des gens auquel se heurte l'idée même de faire explorer le champ de bataille par les avions. Le regard de ceux-ci est trop pénétrant et porte à une étendue trop considérable pour être tenu comme inoffensif. Qui, du haut des nues ou même d'une faible hauteur, voit le lamentable charnier qu'est un champ de bataille, voit également les positions environnantes de l'ennemi, et aucune force humaine ne pourrait empêcher les médecins ou officiers d'administration descendus de leurs appareils de renseigner le commandement sur ces secrets tactiques et stratégiques qui sont pour les troupes belligérantes le nœud de la victoire. « A la guerre, disait le Général Trémeau, il n'y a qu'une théorie, celle du bon sens » ; or le bon sens, pas plus d'ailleurs que les textes eux-mêmes, n'admettra jamais que des infirmiers, à la faveur de leurs brassards, puissent plonger des regards indiscrets dans le camp ennemi, à moins que de les obliger à porter ce brassard sur leurs yeux en guise de bandeau.

Cet obstacle est tellement réel que la pratique sur ce point est même venue restreindre encore les facilités que le texte de la convention de 1864 paraissait donner au Service de santé pour ses déplacements et ses évacuations. A l'article 3 il est dit : « Les personnes désignées à l'article précédent pourront, même après l'occupation par l'ennemi, continuer à remplir leurs fonctions dans l'hôpital ou l'ambulance qu'elles desservent, ou se retirer pour rejoindre le corps auquel elles appartiennent. Dans ces circonstances, lorsque ces personnes cesseront leurs fonctions, elles seront remises aux avant-postes ennemis par les soins de l'armée occupante ». Cette disposition finale, qui paraît cependant bien inoffensive, a été considérée comme inconciliable avec le secret des opérations militaires. L'obligation de remettre le personnel sanitaire ennemi aux avant-postes a paru trop absolue. En disant que le rapatriement du personnel se fait *par les soins de l'ennemi*, MM. Fauchille et Politis enseignent que la convention a voulu accorder à celui-ci la faculté de

(1) Fauchille et Politis, *op. cit.*, p. 31.

3

fixer l'itinéraire à suivre, et ces auteurs rapportent que les Japonais ont procédé ainsi à l'égard du personnel russe pendant la guerre d'Extrême-Orient. « La Russie demandait que son personnel sanitaire fût renvoyé au quartier général de son armée active. Les Japonais alléguèrent l'inconvénient que présenterait, au point de vue militaire, le passage sur leur champ d'opérations de personnes appartenant à la nationalité de l'ennemi, et ils résolurent de renvoyer ce personnel en Russie par Ying-Keou. De même, après la reddition de Port-Arthur, lorsqu'ils permirent au personnel sanitaire russe de rejoindre son armée, ils l'obligèrent à passer par Shanghaï » ; et MM. Fauchille et Politis de conclure: « Ces exemples prouvent que l'itinéraire fixé par l'armée occupante peut condamner le personnel sanitaire qu'on rapatrie à rester en fait pendant plusieurs mois hors d'activité de service. C'est un inconvénient cependant inévitable, car tout belligérant doit avoir le souci de sa propre conservation » (1).

Comment, si cet inconvénient, malgré ses conséquences désastreuses au point de vue humanitaire, n'a pas été considéré comme contraire à l'esprit de la convention de Genève, pourrait-on sérieusement admettre qu'il serait conforme à cet esprit de permettre aux brancardiers de rechercher leurs blessés en aéroplane ?

Ce que je viens de dire de la recherche des blessés au moyen des avions s'applique pour les mêmes motifs aux évacuations par avions sanitaires. Il est impossible, en présence de la convention de 1864, de reconnaître la neutralité à un aéroplane ou à un dirigeable chargé de transporter des blessés vers l'arrière ou vers l'intérieur. Aux arguments ci-dessus développés j'ajouterai cette nouvelle citation empruntée à MM. Fauchille et Politis. S'agissant de l'article 6, alinéa 5, ainsi conçu : « Les évacuations, avec le personnel qui les dirige, seront couvertes par une neutralité absolue », ces auteurs s'expriment ainsi : « Cette formule laisserait croire que les convois d'évacuation doivent être toujours respectés, quelle que soit leur conduite ; qu'ils ne peuvent jamais être ni entravés dans leur marche, ni contrôlés dans leurs agissements par l'ennemi qui les rencontre. Tout cela est reconnu, dans la pratique, inadmissible : la protection des convois doit se concilier avec le droit de défense de l'ennemi. S'il est imposé à celui-ci de les respecter en principe, il doit lui être reconnu la faculté d'autoriser ou de défendre leur sortie d'une ville assiégée ou leur passage à travers ses lignes ; il doit pouvoir leur imposer l'itinéraire compatible avec les

(1) *Op. cit.*, p. 31.

nécessités de ses opérations ; exercer sur eux un droit de contrôle et de visite ; procéder au besoin à leur dislocation... » (1).

Et les auteurs du *Manuel de la Croix-Rouge* précisent encore ici que, pour qu'un convoi d'évacuation ait droit à l'inviolabilité, il faut qu'il soit véritablement un convoi d'évacuation et qu'il reste dans son rôle exclusif d'unité sanitaire ; ils ajoutent notamment que le convoi cesserait d'être inviolable si les hommes qui le composent se livraient à des actes d'hostilité. Sans doute, ajouterons-nous, le personnel chargé de conduire l'avion ou le dirigeable sanitaire pourra ne pas s'adonner sciemment au service des renseignements, mais il ne peut se bander les yeux, non plus que se bâillonner lors de sa descente à terre. Dans ces conditions, il est impossible qu'un belligérant, qui ne serait lié par aucune disposition impérative de la convention de Genève, tolère de pareils agissements de la part de son adversaire.

Voilà où nous conduit l'examen du problème à la lueur des seuls principes de 1864.

Convention de Genève de 1906.

On sait que la nouvelle convention de Genève du 6 juillet 1906 n'a pas abrogé son ancêtre de 1864. La convention primitive, avons-nous dit, subsiste dans les rapports des belligérants, lorsque tous n'ont pas adhéré à celle de 1906. Entre nations ayant toutes donné cette adhésion le texte de 1864 est, au contraire, devenu lettre morte. Cette dernière hypothèse sera la plus fréquente dans l'avenir, les adhésions en question étant fort nombreuses (2). Il importe donc d'examiner si les dispositions nouvelles de 1906 modifient les données du problème envisagé.

Sur plusieurs points le texte de 1906 contient des dispositions plus larges ; et, sur d'autres, des précisions ont été apportées à la rédaction primitive.

En termes plus compréhensifs que son aînée, la convention de 1906 édicte, dans son article 6 : « Les formations mobiles (c'est-à-dire celles qui sont destinées à accompagner les armées en campagne) et les établissements fixes du Service de santé seront respectés et protégés par les belligérants ».

Art. 7. — « La protection due aux formations et établissements sanitaires cesse si l'on en use pour commettre des actes nuisibles à l'ennemi ».

(1) *Op. cit.*, p. 42.
(2) Actuellement 34 Etats ont ratifié la convention de 1906 ou y ont adhéré.

L'article 9 accorde le bénéfice de la neutralité notamment au personnel « exclusivement affecté à l'enlèvement, au transport et au traitement des blessés et des malades, ainsi qu'à l'administration des formations et établissements sanitaires ».

Au premier coup d'œil nous apercevons dans la convention de 1906 une disposition, celle de l'article 7 ci-dessus, qui vient corroborer en termes plus précis ce que nous avions dégagé de l'esprit, mais non de la lettre du traité de 1864, à savoir que la protection due aux formations et établissements sanitaires cesse si l'on en use pour commettre des actes nuisibles à l'ennemi. Si un doute avait été permis sur ce point sous l'empire de la première convention, il n'y aurait plus de place pour la moindre hésitation en présence de termes aussi formels. Et, en effet, y a-t-il un acte plus nuisible à l'ennemi, que celui, fût-il involontaire, de percer le secret de ses opérations ? A cet égard MM. Fauchille et Politis font même observer que, si la convention de 1906 ne parle que du matériel, des motifs semblables doivent faire admettre la même restriction en ce qui concerne l'immunité du personnel. « Celui-ci ne doit pas, par exemple, entrer sans permission dans la ligne des opérations de l'ennemi, car il peut, en surprenant le secret de ses positions, lui causer un grave préjudice. S'il y entre sans permission, l'ennemi aura le droit ou bien de le capturer et de le détenir, pour que le secret militaire soit gardé, ou bien, si la capture n'est pas en fait possible; d'ouvrir le feu dans sa direction, pour lui indiquer qu'il ne peut s'avancer davantage et de tirer sur lui s'il n'obéit pas à l'injonction donnée ». Il paraît que telle fut la règle des Japonais en 1904-1905, règle d'avance conforme à l'esprit de la nouvelle convention (1).

Sur un autre point la convention de 1906 consacre expressément ce que les usages avaient imposé sous l'empire du texte de 1864, à savoir que les belligérants peuvent toujours intercepter un convoi d'évacuation et le disloquer, en se chargeant des malades et blessés qu'il contient. C'est dire que les contractants de 1906, encore bien moins que ceux de 1864, ne sauraient supporter l'idée de permettre à des convois d'évacuation, aériens ou non, de circuler librement, en surprenant tous les secrets qui défileraient sous leurs yeux comme par hasard. Voilà ma conclusion au point de vue strictement juridique. J'aurais bien désiré aboutir à une solution différente et, comme preuve de ma bonne volonté, je ne peux mieux faire que de rappeler à MM. Eybert et Perret, mais sans grand espoir qu'ils puissent en tirer un profit appréciable, l'article 8 de la Convention de 1864 et l'article 25 de celle de 1906, lesquels donnent tous pouvoirs

(1) Fauchille et Politis, op. cit., p. 58.

aux commandants en chef des armées belligérantes pour pourvoir aux détails d'exécution ainsi qu'aux cas non prévus d'après les instructions de leurs gouvernements et conformément aux principes généraux de la matière.

La relève ne pourra guère se faire que de nuit.
Complications qui en résulteront.

Certaines nécessités de la guerre moderne viennent au surplus rendre le problème de droit international que nous envisageons d'une solution encore plus difficile.

De l'expérience acquise dans la guerre de l'Afrique du Sud et dans celle de l'Extrême-Orient il résulte que le relèvement des blessés dans le jour est à peu près impossible. M. Sassarel, médecin militaire russe, raconte que le travail était ininterrompu dans les postes de secours. « Les nuits surtout étaient terribles. Quand, avec le soir, le grondement du canon cessait, l'arrivée des blessés devenait plus fréquente et le poste de secours travaillait à plein. Pendant le jour, on avait moins à faire, parce que balles et obus empêchaient de retirer les blessés des endroits battus et de les apporter. Les blessés eux-mêmes demandaient qu'on les laissât tranquilles ». M. le Dr Berthier, dans ses conférences précitées, en conclut que le relèvement des blessés sera très difficile pendant le jour, souvent impraticable. Dans le jour il y aura des accalmies, dont parfois il sera possible de profiter pour porter secours aux blessés et pour opérer le relèvement. Mais l'accalmie sera-t-elle assez longue pour permettre aux brancardiers d'effectuer leurs voyages d'aller et retour ? « Il est à présumer qu'ils seraient souvent surpris par la reprise du feu et qu'ils subiraient le sort de tout homme s'exposant debout sur le champ de bataille. Les accalmies peuvent avoir des raisons multiples : manque passager de munitions, fatigue des hommes, déplacement momentané de l'action. L'accalmie peut tenir à ce que les ennemis n'ont pas devant eux de but vivant visible. Les brancardiers, en se portant en avant, viendraient donc rompre le charme et rappeler le feu, en l'attirant sur eux » (1). Il est cependant une accalmie sur laquelle nous devons absolument compter, pour opérer le relèvement des blessés, c'est l'accalmie de la nuit. Mais alors comment explorer du haut d'un aéroplane un champ de bataille plongé dans les ténèbres ? On a bien songé, pour la recherche nocturne des blessés, à éclairer le champ de bataille ; mais ce n'est pas sans inconvénient. On tient de M. le Général Frater que les Alle-

(1) Berthier, *Conférence de* 1906.

mands, en 1870, avaient l'habitude de tirer des coups de fusil sur les feux
ou les lumières qu'ils pouvaient apercevoir du côté français les soirs
de bataille, et il en aurait été ainsi en particulier pendant la nuit du
31 août (1). Ce danger est si réel, paraît-il, que les moyens d'éclairage
du champ de bataille ont dû être abandonnés par les Japonais dans la
guerre d'Extrême-Orient. Ils ne seraient utilisables que quand l'ennemi

Lanterne de M. l'officier d'administration Ponzevera pour la recherche des blessés.

est à deux ou trois kilomètres. A une moindre distance tout point lumineux attire le feu de l'ennemi. Il est donc tout à fait impossible de songer
à un éclairage intensif du champ de bataille, le seul qui permettrait à
un aéroplane de procéder à une exploration utile ; l'éclairage de l'avenir
est celui qui permettra l'invisibilité du foyer lumineux. Une lanterne por-
tative à foyer invisible avait été construite, il y a quelques années, par
MM. Berthier et Gossart ; un type nouveau paraissant s'approcher de la
perfection a été présenté et expérimenté aux manœuvres du Service de

(1) Berthier, Conférences de 1906 et 1909.

santé du gouvernement militaire de Paris de 1912 par M. l'officier d'administration de 1ʳᵉ classe Ponzevera. Les plus grands espoirs sont donc permis de ce côté, mais il en va tout autrement de l'utilisation de l'aéroplane. A cet égard, la nécessité de procéder, la plupart du temps pendant la nuit, à la recherche des blessés et l'impossibilité de réaliser un éclairage intensif du champ de bataille réduisent, en fait, à bien peu de chose l'espoir d'utiliser jamais l'aéroplane pour cette recherche. Au lendemain de la bataille, des circonstances exceptionnelles seules permettraient d'y recourir, et de ce nombre serait la certitude que l'ennemi est à une distance suffisante pour que l'aéroplane, en volant à faible hauteur, ne puisse être atteint par les projectiles. Mais il reste que, même dans ce cas, l'aéroplane ne pourrait voler qu'à ses risques et périls et que, même monté par un personnel neutralisé, s'il jugeait à propos d'arborer le pavillon de Genève à côté du sien, ce ne pourrait être également qu'à ses risques et périls (1).

Des services que l'on peut actuellement demander à l'avion sanitaire.

Il est cependant une utilisation de l'aéroplane à la recherche des blessés que je crois dès maintenant possible d'envisager. Nous avons vu combien avaient été nombreux les disparus en 1870 ; nous avons vu combien de malheureux, dans les dernières guerres, n'avaient pu être retrouvés avant deux, trois et même dix jours. En présence de pareilles éventualités, il sera toujours possible d'utiliser l'aéroplane, non pas pour la recherche immédiate, mais pour une dernière et suprême exploration des replis de terrain, quand l'éloignement de l'ennemi permettra d'élever les appareils sans risquer de ramener la mitraille ou les obus de l'ennemi précisément sur l'ambulance où sont recueillis ceux que protège la convention de Genève. Les officiers aviateurs qui, sortant de leur rôle d'éclaireurs d'avant-garde, voudront bien s'associer à cette œuvre de pitié pour leurs camarades tombés au champ d'honneur, mériteront bien de l'armée tout entière. Et pour l'avenir il appartient au commandement d'envisager si, en vue de cette besogne éventuelle, il est vrai, mais si éminemment désirable, il convient d'utiliser les avions

(1) Peut-être pourrait-on être tenté de voir dans cet acte non une infraction à la convention de Genève, mais un *abus du droit des gens*. Il importe peu dans la pratique ; la sanction serait toujours pour l'ennemi le droit d'ouvrir le feu sur le véhicule aérien soupçonné de sortir de son rôle rigoureusement sanitaire. — Comp., en droit civil, Julliot, *De l'abus du droit dans ses applications à la locomotion aérienne*. — V. aussi Julliot, *De la propriété du domaine aérien* (Paris, Larose et Ténin, édit.).

de combat, qui deviendraient ainsi, selon l'expression de M. Ader, des avions *à tout faire*, ou bien s'il ne serait pas possible de songer à doter dès maintenant le Service de santé d'appareils spéciaux.

En ce qui concerne le transport des blessés par aéroplanes, je crois avoir démontré que la protection de la convention de Genève ne saurait, non plus, juridiquement parlant, lui être acquise. En fait, lorsqu'il s'agira d'évacuations, dont le point de départ sera suffisamment éloigné des lignes ennemies pour que les atteintes de la partie adverse ne soient pas à craindre, le transport par la voie aérienne, pourra évidemment être expérimenté.

J'en avais conclu (1) qu'il n'est possible actuellement d'utiliser l'aéroplane que lorsque l'on est maître du champ de bataille et quand l'éloignement de l'ennemi permet d'élever les appareils, sans risquer de ramener le feu sur l'ambulance, donc seulement pour une suprême et dernière exploration des replis de terrain à l'usage des malheureux oubliés.

M. le Sénateur Reymond n'est pas de cet avis. Il veut faire l'exploration aussitôt après la bataille et même pendant qu'elle sévit. Il a raison et je m'incline devant sa grande expérience quand il demande à l'aéroplane, non de battre les buissons comme ces braves chiens et de rechercher les individualités, mais de repérer sur la carte la distribution générale des nids de blessés. Où je ne suis plus d'accord avec M. Reymond, c'est quand il accroche la Croix-Rouge sous ses ailes, comme il l'a fait en Poitou, et l'expose ainsi à une profanation des plus graves. Il me répond : « D'abord on ne tirera pas sur l'aéroplane si celui-ci évolue pendant le combat, à très faible hauteur et remplissant ostensiblement un rôle humanitaire qui commande le respect; et puis les belligérants auront assez à faire pour attaquer et se défendre, sans gaspiller des centaines de kilogrammes de munitions à poursuivre une silhouette aussi fuyante et sinueuse que la sienne ; on peut repérer un tir sur un avion filant en ligne droite, mais plus difficilement sur un objectif qui, en se rapprochant et en s'éloignant incessamment du sol, échappe à toutes les prévisions du pointeur. Le grand point, ajoute M. Reymond, est que l'on tirera sur un avion qui, passant au-dessus de vous, vous observe, mais non sur un avion qui, restant au-dessus de l'adversaire, ne vous cause aucun préjudice ».

Il est très courageux assurément, de la part d'un médecin aviateur, de tenir ce langage, mais il est grave par ailleurs de laisser tirer sur du personnel et du matériel sanitaires. Du jour où les hommes sauront que

(1) *Rev. gén. de droit intern. pub.*, n° de novembre-décembre 1912.

la Croix-Rouge de l'aéroplane est une croix-rouge de contrebande, ils tireront dessus et, quand ils auront pris l'habitude de tirer sur les avions sanitaires, ils tireront sur les ambulances.

Cette simple constatation démontre l'impérieuse nécessité de donner une Croix-Rouge bon teint à ce nouveau matériel à destination sanitaire bien définie.

De nouvelles conventions sont nécessaires.

Pour cela il faut de nouvelles conventions. Nous en poursuivons l'élaboration, ainsi qu'on le verra plus loin, mais d'ici là, et ce sera peut-être long, que faire ? A un certain moment, j'ai cru remarquer que M. le Sénateur Reymond me considérait un peu, avec mes scrupules juridiques, comme un empêcheur de voler en rond. J'en fus désolé et je lui ai répondu (1) que j'avais hâte, autant que lui, de voir nos formations sanitaires utiliser ce nouvel organe d'investigation. Volez donc, lui ai-je dit, volez dès maintenant et à tire d'ailes au secours de nos blessés, mais, de grâce, mettez votre Croix-Rouge dans votre poche. Avant de monter dans votre nacelle, enlevez ce brassard et surtout ne collez plus les insignes de Genève sous les ailes de votre monoplan. J'espère que nous sommes maintenant bien d'accord.

Plus tard dans l'avenir, quand nous aurons résolu le problème de droit des gens, nos aviateurs sanitaires sortiront leur Croix-Rouge et ils la sortiront alors avec tout le prestige qui lui est dû.

Cet avenir que réserve-t-il ? L'utopie d'aujourd'hui c'est souvent la vérité de demain. Quelles transformations profondes subira l'art de la guerre en présence du développement progressif des engins aériens ? Nous ne sommes peut-être pas très éloignés des temps prédits par M. Ader dans son beau livre sur *L'aviation militaire*. Les événements précèdent les institutions, mais celles-ci doivent suivre de gré ou de force. En 1864 les puissances contractantes n'avaient prévu que la guerre terrestre. La force des événements, et notamment les tristesses des guerres maritimes entre la Chine et le Japon et entre l'Espagne et les États-Unis, a contraint le monde civilisé à s'occuper du sort des marins blessés et naufragés, et ce fut l'œuvre des conventions de la Haye du 29 juillet 1899 et du 18 octobre 1907. Un jour viendra sans doute où il faudra, à son tour, humaniser la guerre aérienne ; ce jour, si proche soit-il, n'est pas encore arrivé, et la seule question qui se pose actuellement est celle de savoir si les voies aériennes peuvent être utilisées pour secourir les

(1) *Revue aérienne* du 10 février 1913.

blessés des guerres continentales : en présence des conventions diplomatiques existantes, nous avons vu que c'était juridiquement imposs-
ble et, dans l'état actuel de l'art militaire, nous avons dû reconnaître
que l'on se heurtait à des difficultés matérielles presque aussi insurmontables. Convient-il, dans ces conditions, de songer à entamer des
tractations internationales en vue de nouveaux accords sur ce point ?

La question est des plus graves et les arguments se pressent en sens
inverse.

D'une part, il ne faut pas oublier que les conventions de Genève et de la
Haye n'ont eu pour ambition, selon les propres termes de leurs préambu-
les, que de « diminuer, autant qu'il dépendait d'elles, les maux insépara-
bles de la guerre ». Ne pouvant s'abstraire des réalités, elles ont, disent
MM. Fauchille et Politis, abandonné aux idéologues la poursuite des chi-
mères, pour se contenter d'un progrès relatif mais réalisable » (1). Il est
louable assurément de se préoccuper des exigences de l'humanité, mais
il ne faut pas oublier les nécessités de la guerre ; « il convient, a dit à plusieurs reprises le maître incontesté qu'est M. Louis Renault, d'éviter les
prescriptions inspirées sans doute par des sentiments généreux, mais exposées à être méconnues par les belligérants, dont elles entraveraient l'action. L'humanité ne gagne pas beaucoup par l'adoption d'une règle qui doit
rester à l'état de lettre morte, et la notion du respect des engagements
pris s'en affaiblit. Il est donc indispensable de n'imposer que des obligations qui puissent être exécutées en toutes circonstances et de laisser
aux combattants la latitude dont ils ont besoin ». C'est ce que disait
déjà Montesquieu, il y a plus de deux siècles, et qui sera encore vrai
dans les siècles à venir, à savoir que « les nations doivent se faire dans
la guerre le moins de mal qu'il est possible, sans nuire à leurs propres
intérêts » (2) et, puisque M. Ader nous affirme que les avions de guerre
contribueront à rendre les guerres de l'avenir moins meurtrières, faut-il
le croire et se contenter pour le moment de ce progrès ? Je l'ai pensé ; je
dois avouer que cela a été ma première conclusion, et à ceux qui me repro-
chaient de sacrifier trop aisément aux exigences de la guerre les plus
hautes raisons d'humanité, je rappelais, avec les auteurs du *Manuel de la
Croix-Rouge*, que « l'expérience a depuis longtemps répondu en montrant l'insuccès de toute disposition qui, en sens opposé, sacrifierait
aux aspirations humanitaires les plus impérieuses nécessités de la lutte
armée » (3).

(1) *Op. cit.*, p. 151.
(2) Montesquieu, *Esprit des lois*, liv. I, chap. III.
(3) *Op. cit.*, p. 151.

D'autre part et plus récemment la connaissance des exploits de MM. les Dr Reymond et Teste a modifié mon point de vue. Dès lors que l'expérience a démontré tout le profit que l'on peut dès actuellement tirer de l'avion pour la recherche, il convient de trouver au problème de droit des gens qui se pose une solution acceptable. En cherchant cette solution pour le cas de la recherche, on doit également prévoir le moment où dans l'avenir l'hypothèse de l'évacuation par la voie aérienne deviendra une réalité tangible. Dans le domaine international les idées cheminent avec une grande lenteur; tout ce qui touche à l'aviation va au contraire un train d'enfer. Que les juristes se mettent donc à l'œuvre et promptement, assurés qu'ils peuvent être de ne pas arriver prématurément.

Ce que l'on peut faire dans le domaine des conventions.

Nous sommes un petit nombre déjà à nous être mis au travail. Sur ma demande, la *Ligue nationale aérienne* a bien voulu prendre en mains le problème de l'aviation sanitaire et le mettre dans toute son ampleur à l'ordre du jour de ses travaux. Je tiens d'abord à lui exprimer toute ma gratitude.

De cette question j'ai donc saisi successivement le Comité militaire de la Ligue nationale aérienne, présidé par M. le Général de Lacroix, ancien Généralissime (1), et le Comité du contentieux (2) de cet organisme, dont les travaux sont dirigés avec autorité par M. le bâtonnier Ployer.

Le Comité militaire a bien voulu m'entendre sur cette question le 21 octobre 1912, et j'ai eu la bonne fortune de faire admettre par cette haute assemblée qu'il appartient dès maintenant au commandement de se servir des avions dont il dispose, pour explorer le champ de bataille quand les circonstances s'y prêtent.

Examinant, à cette même séance, tout à la fois le problème de la neutralité et le problème de la sécurité des transports d'évacuation, j'ai cru pouvoir, d'accord en cela, semble-t-il, avec M. le Général-major de Mooy

(1) Le comité militaire de la L. N. A. est composé de MM. les Généraux de Lacroix, Bonnal, Naquet-Laroque, de Torcy, Vieillard, l'amiral de Cuverville, le vice-amiral Humann, le colonel de Rochefort, le lieutenant-colonel Boissonnet, le commandant Alfred Dollfus et de MM. le duc Maurice de Broglie, Deslandres de l'Institut, Hector Depasse, Paul Doumer, d'Estournelles de Constant, Auguste Kleine, Emile Reymond.

(2) Le comité de contentieux se compose MM. Edmond Ployer, Busson-Billault, Raymond Poincaré, Chenu, Clunet, Aubépin, Dausset, H. Depasse, Drioux, d'Estournelles de Constant, Fauchille, Henri-Coüannier, Edouard d'Hooghe, Ch. L. Julliot, Ch. Leboucq, Louvard, Risler, Rougeot, Weisweiller, Audy et Bour.

et avec M. le Médecin inspecteur Mareschal (1), préconiser l'emploi du dirigeable de préférence à l'aéroplane.

Les avantages du dirigeable seraient les suivants :

1° Le dirigeable permet l'usage de la télégraphie sans fil. L'aéroplane ne s'y prête pas encore ; .

2° Le dirigeable peut tenir l'air pendant de longues heures et presque des journées ; il pourrait donc n'atterrir que lorsque les belligérants n'y verraient pas d'inconvénients au point de vue tactique ;

3° Le ballon peut longuement stationner au-dessus du champ de bataille, pour se livrer à une observation attentive ; l'aéroplane ne peut voir que difficilement et imparfaitement à l'allure qui lui est propre, gêné qu'il est d'ailleurs dans l'étude de la carte par les changements d'orientation qui résultent de ses virages brusques et continuels ;

4° L'aéroplane ne peut voler la nuit ; le dirigeable évolue sans difficultés au milieu des ténèbres : or, la recherche des blessés, nous le savons, ne pourra se faire, la plupart du temps, que la nuit. Un dirigeable pourvu de phares à foyers invisibles et à rayons lumineux verticaux pourrait utilement se charger de l'exploration du champ de bataille. Ce problème déjà étudié par M. de Mooy (2) est à creuser par tous les chercheurs.

5° Au point de vue de la sécurité, le dirigeable offre actuellement plus de garanties : pour l'œuvre future de l'évacuation, il serait plus facile de faire accepter par des hommes du commun l'idée d'un voyage aérien en dirigeable qu'en aéroplane. Il est à craindre que de longtemps encore il ne soit pas prudent de charger des blessés dans les avions, car la terreur qu'en ressentiraient ces hommes déterminerait chez eux des ébranlements nerveux très préjudiciables à leur état de santé déjà très atteint par les blessures ;

6° Les dimensions des dirigeables permettraient l'évacuation d'un nombre important de malades et dans des conditions de confortable bien meilleures ; dans ce but, M. le docteur de Mooy a imaginé un cadre spécial, dans lequel seraient rangés les brancards et leurs précieux fardeaux, cadre qui serait suspendu aux lieu et place de la nacelle, sous l'aéronef.

Ne serait-il pas possible, disais-je alors au Comité militaire, de songer à des conventions diplomatiques conférant la neutralité à ces dirigeables et d'y placer, côte à côte, des représentants neutralisés des deux belligérants ? Un contrôle mutuel s'établirait, pour éviter que des renseignements autres que ceux intéressant les blessés ne fussent envoyés par

(1) Annexes I et X.
(2) Annexe II.

la télégraphie sans fil. Peut-être même pourrait-on songer à mettre ces deux officiers sous l'autorité d'un troisième de grade supérieur appartenant à une nationalité neutre, et qui, prenant le commandement de l'équipage, préviendrait ou réprimerait les conflits de nature à surgir entre les deux autres officiers.

A cette conception on m'a objecté, d'une part, le prix de revient élevé des dirigeables et, d'autre part, tout à la fois leur fragilité et l'embarras du matériel qui devrait les suivre en campagne. 900.000 francs ! s'est écrié l'un des membres du Comité.

Je me suis informé ; il serait possible d'établir des types de dirigeables plus modestes. Pour une somme d'environ 85.000 francs, il paraît que l'on pourrait avoir des aéronefs capables d'enlever trois ou quatre passagers, ainsi que la quantité d'essence et de lest pour assurer leur fonctionnement pendant quatre à cinq heures par temps normal.

Il reste à savoir ce que l'on entend par temps normal et si des appareils aussi légers ne seraient pas le jouet des intempéries. Des expériences sont à faire dans cet ordre d'idées, et il est à désirer qu'elles soient exécutées dès les prochaines manœuvres du Service de santé.

Le 11 novembre suivant, M. le Sénateur Reymond, qui, membre du Comité militaire, n'avait pu assister à la précédente séance, est venu, à son tour, rendre compte de ses expériences. Unissant sa voix autorisée à la mienne, il a demandé au Comité d'adresser à M. le Ministre de la Guerre un vœu tendant à l'attribution d'aéroplanes au Service de santé de l'armée. Le Comité a remis à une séance ultérieure l'examen de l'opportunité de ce vœu et il reste saisi de la question. Il est vraisemblable qu'une décision ne tardera pas à être prise sur ce point.

Le Comité de contentieux, appelé à son tour, le 21 novembre 1912, sous la présidence de Mᵉ Aubépin, son vice-président, à connaître de la question, a émis, sur mon rapport, le vœu dont la teneur suit :

« Le Comité, — Vu le procès-verbal des délibérations du Comité militaire de la Ligue nationale aérienne sur la question de l'emploi des aéroplanes à la recherche des blessés militaires ; — Après avoir entendu M. Ch.-L. Julliot, l'un de ses membres, dans son rapport ; — Considérant qu'il résulte des expériences faites par M. le Sénateur Reymond aux dernières grandes manœuvres de l'Ouest que cette recherche des blessés au moyen des avions est dès actuellement réalisable et qu'elle peut rendre de grands services ; — Considérant, d'autre part, après délibération, que les aéroplanes sanitaires ne seraient aucunement protégés par les conventions de Genève, alors que cette protection est éminemment désirable ; — Que celle-ci ne saurait être obtenue qu'au moyen de tractations diplomatiques dont le résultat devrait être consacré par une

Convention internationale ; — Estimant qu'il serait honorable que la France prit l'initiative de la réunion de cette Conférence ; — Par ces motifs : — 1° Émet le vœu que le gouvernement, d'entente entre le ministère de la guerre et le ministère des affaires étrangères, veuille bien prendre cette initiative ; — 2° Décide, en vue de la préparation de la conférence à intervenir, de poursuivre l'étude de la question et d'appeler sur celle-ci l'attention du Comité international de la Croix-Rouge, dont le siège est à Genève, ainsi que de tous les groupements compétents. — Copie des présentes sera adressée : 1° à M. le ministre de la guerre ; 2° à M. le ministre des affaires étrangères ; 3° au Comité international de la Croix-Rouge ».

Ce vœu a été adressé à MM. les Ministres de la guerre et des affaires étrangères, au Comité international de la Croix-Rouge à Genève (1), aux Ligues nationales aériennes étrangères (2), aux trois sociétés de Croix-Rouge française (3) et à tous les groupements compétents, notamment au *Comité juridique international de l'aviation*.

Le Comité directeur de ce groupement, voulant bien rendre hommage à la pensée généreuse qui a inspiré ce vœu, a décidé, le 3 décembre 1912, de le communiquer sans plus tarder à ses divers comités nationaux et de doctrine, de sorte que la question va être étudiée simultanément dans les différents États d'Europe et d'Amérique.

Il est à espérer qu'il en sortira une solution acceptable.

En attendant, trois projets sont dès actuellement à l'étude au *Comité de Contentieux* de la Ligue nationale aérienne, projets que la *Revue générale de Droit international public* a bien voulu se charger de vulgariser.

Ces trois projets, dans l'ordre où ils ont été proposés, sont les suivants :

(1) M. Ador, Président de ce Comité, dans sa réponse, s'est exprimé ainsi :

« La question de la protection des avions, dont l'utilité peut être grande pour la recherche des blessés, est d'un très haut intérêt.

« Le Comité international, si son concours lui est demandé par le gouvernement français, aura soin d'en aviser les Comités centraux des Sociétés de la Croix-Rouge et de leur demander leur avis ».

(2) Les Ligues nationales aériennes d'Italie et d'Angleterre ont promis leur concours le plus entier.

La première a nommé une commission de juristes chargés de rédiger les rapports et les vœux qui seront soumis au gouvernement italien en vue de la réunion d'une conférence internationale.

La seconde a décidé de se mettre en relations avec les sociétés de la Croix-Rouge anglaise le plus tôt possible, pour étudier d'accord avec elle la solution de ce problème juridique.

(3) Le Conseil d'administration de l'Association des Dames françaises a désigné Me Camille François, ancien secrétaire et syndic de la Chambre des avoués de la Seine, pour prendre part en son nom aux travaux du Comité de contentieux de la Ligue nationale aérienne sur cette question.

Le premier projet, de M. Quinton, présenté par son auteur comme une simple idée susceptible de servir de point de départ à d'autres conceptions, consisterait dans l'obligation, pour tout aviateur sanitaire, d'atterrir, après son exploration, dans le camp ennemi, et de s'y constituer en quelque sorte prisonnier jusqu'au moment où la permission de regagner les avant-postes de son armée lui serait accordée. Un échange d'aviateurs sanitaires s'opérerait ainsi entre les deux belligérants ; et, du camp même où ils seraient prisonniers, ceux-ci enverraient, par télégraphie sans fil et sous le contrôle de l'ennemi, au directeur du Service de santé de l'unité à laquelle ils appartiendraient tous renseignements utiles sur la distribution des blessés sur le champ de bataille.

M. Quinton a fait remarquer lui-même que son projet est irréalisable pour plusieurs raisons, et notamment pour celle-ci qu'en temps de guerre la télégraphie sans fil pourra difficilement fonctionner.

Une autre objection est faite également par M. Quinton à son propre système : elle a trait aux pannes de moteurs. L'aviateur est toujours exposé à atterrir aux moments et aux lieux les plus inattendus. Atterrissant au milieu de ses compatriotes, ne serait-il pas à craindre qu'il lâchât à leur profit tout le paquet des secrets tactiques qu'il aurait pu saisir au vol ? Et puis une panne de moteur est facile à déterminer et il serait toujours possible de provoquer opportunément et sans avoir l'air de rien, cette panne soi-disant fortuite.

Des objections d'une autre nature ont encore été faites par M. Paul Fauchille au projet de M. Quinton. M. Paul Fauchille a fait observer d'abord que le rôle de « prisonniers volontaires », que ce projet suppose, ne serait pas sans répugner un peu aux militaires qui devraient s'y soumettre. Il s'est demandé, d'autre part, si, même dans les conditions indiquées au projet, les armées belligérantes accepteraient de recevoir dans leur sein des militaires ennemis . ceux-ci ne pourront-ils pas surprendre des secrets tactiques ou stratégiques, et, malgré toutes les garanties prévues, ne trouveront-ils pas quelque moyen de les faire parvenir à leur État-major ?

Je suis l'auteur du second projet, amendement au système que j'avais déjà préconisé devant le Comité militaire. A cette époque je n'avais pas encore connaissance de propositions, fort anciennes cependant, puisqu'elles remontent à 1899, faites par M. Paul Fauchille, touchant la guerre maritime (1).

M. Paul Fauchille proposait alors la création dans chaque État de bâtiments sanitaires maritimes ayant un caractère international et ne portant

(1) V. *Revue générale de droit international public*, t. VI (1899), p. 291.

même pas leur pavillon national à côté des emblèmes de la Croix-Rouge.
Ces bâtiments auraient pour mission de recueillir et de traiter les victimes sans distinction de parti et même devraient, la bataille commencée,
s'unifier en quelque sorte, pour se consacrer plus utilement à leur
œuvre humanitaire. Cet organisme serait établi dès le temps de paix,
chaque État étant tenu, de par des conventions internationales, de créer
et entretenir de ces unités dans une proportion minima devant s'accorder avec l'importance de sa flotte. Les grosses unités, dites navires-
hôpitaux, sur lesquelles les blessés et malades seront traités, qui porte-
raient un nom et un numéro d'ordre, ne devraient, en principe, comprendre que des bâtiments de l'État, et leur construction devrait être
partout identique ; les croiseurs de la flottille de secours, dite flottille
volante, appelés à recueillir les blessés et les malades, pourraient être
fournis par des particuliers, mais on exigerait d'eux qu'ils conservas-
sent leur affectation pendant toute la durée du conflit et que leurs noms
fissent l'objet d'une communication officielle internationale. M. Paul
Fauchille s'était demandé si, dans sa conception, les flottilles belligérantes auraient pu s'accroître des flottilles de pays non belligérants. Si
l'on se plaçait au seul point de vue humanitaire, M. Paul Fauchille n'aurait pas hésité à répondre par l'affirmative. « Mais les principes du droit
des gens ne s'opposent-ils pas à cette solution ? Cela revient à se demander s'il n'est point contraire à la neutralité qu'un État ou ses nationaux aident, au point de vue sanitaire, les gouvernements belligérants.
En ce qui concerne les nationaux, la légalité de ce genre d'assistance n'est
pas douteuse : il a été pratiqué, sans soulever de réclamations, dans plusieurs guerres récentes, notamment dans la guerre gréco-turque de 1897
et dans la guerre hispano-américaine de 1898 (1). La seule chose que
doivent alors éviter les particuliers, c'est d'agir de manière à se faire
accuser de partialité vis-à-vis d'un des États belligérants : ils doivent
offrir leurs services également aux deux adversaires. Faut-il décider de
même à l'égard de l'État ? Les États neutres, en règle générale, doivent
s'abstenir soigneusement de venir en aide aux belligérants, qu'il s'agisse
d'une assistance matérielle ou purement morale. Il semble, dès lors, qu'on
ne saurait les autoriser à recueillir sur leurs navires les blessés et les
malades des nations en guerre. En les recevant, ne débarrassent-ils pas
les belligérants d'*impedimenta* qui les gênaient dans leurs opérations ?

(1) Les conventions de la Haye du 29 juillet 1899 et du 18 octobre 1907, sur l'adaptation
à la guerre maritime des principes de la convention de Genève, prévoient, dans leur article 3, que des navires appartenant à des particuliers ou à des Sociétés de secours de pays
neutres peuvent participer à l'action hospitalière.

Sans doute, ils se conduiront d'une égale façon vis-à-vis des deux ennemis ; mais, dans la réalité, l'un des deux ne profitera-t-il pas toujours
plus que l'autre de l'assistance prêtée ? La discussion cependant est per-
mise. Ne peut-on soutenir que les devoirs d'humanité dominent dans une
certaine mesure les obligations de la neutralité ? On décide qu'un État
neutre peut, à condition de les interner, recevoir les blessés qu'un navire
belligérant apporte dans ses ports (1) ou ceux qui viennent à la suite
d'une armée en déroute se réfugier sur son territoire (2). Pourquoi lui
refuser d'envoyer des navires de sa flotte, partie de son territoire, chercher les blessés au cours de la lutte ? Il est vrai qu'il joue un rôle actif,
tandis que, dans le premier cas, il ne remplit qu'un rôle passif. Mais
n'est-ce point trop subtiliser que de distinguer suivant les rôles joués ?
La question d'humanité tient ici une place si prépondérante qu'il faut
écarter les subtilités juridiques. Bien entendu, les belligérants qui em-
ploieraient les navires d'un État neutre devraient, par parts égales ou
selon l'importance de leurs troupes, lui payer une certaine somme et
l'indemniser des pertes ou détériorations survenues ». C'est, en définitive, à cette dernière solution que M. Paul Fauchille proposait de se
rallier, et, s'il l'admettait, c'était moins toutefois par l'influence des
arguments qui viennent d'être exposés qu'à cause du caractère tout particulier qu'il attribuait au service d'assistance en cas de lutte maritime.

Pour lui, en effet, « dès qu'une guerre est décidée, les flottilles hospitalières des différents États, États neutres aussi bien qu'États belligérants,
devraient être réputées ne plus appartenir à ces États, mais constituer,
tant que durera la guerre, la flotte d'un État idéal, dominant tous les
autres par sa nature internationale, dont l'unique office serait l'œuvre
humanitaire d'assistance et qui aurait à sa tête le Comité international
de la Croix-Rouge établi à Genève : l'aide donnée aux victimes des luttes
maritimes deviendrait ainsi *innationale* ». Ainsi l'assistance pourrait
être fournie sans difficulté par les navires des États non belligérants,
ces navires constituant comme la réserve où, en cas d'insuffisance de
leur flottille, les belligérants viendraient puiser. M. Paul Fauchille in-
siste sur le caractère innational des bâtiments. S'ils conservaient leur
nationalité, ils pourraient être capturés et devraient subir le droit de
visite. Ce droit de visite s'exercerait même sur les bâtiments sanitaires

(1) V. l'article 42 du Règlement sur le régime légal des navires et de leurs équipages
dans les ports étrangers, adopté par l'Institut de droit international dans sa session de
la Haye le 23 août 1898, dans l'*Annuaire de droit international*, t. XVII, p. 285.
(2) V. l'article 82 du Manuel des lois de la guerre sur terre voté par l'Institut de droit
international en 1880, à Oxford, dans l'*Annuaire de l'Institut de droit international*,
t. V, p. 173.

neutres : la neutralisation d'un navire signifie seulement qu'il est sous-trait aux opérations de la guerre, qu'on ne peut tirer sur lui. « Du mo-ment que le service sanitaire peut être accompli, comme dans la con-vention de 1868 (articles additionnels du 20 octobre 1868), par des navires de la flotte combattante ou par des bateaux de commerce, ennemis ou neutres, les nécessités militaires des belligérants exigent qu'ils prennent à leur' égard certaines précautions : les bâtiments d'un belligérant ne chercheront-ils pas, en effet, tout en enlevant blessés et malades, à renseigner leur flotte sur les mouvements de l'ennemi, à l'aider de dif-férentes façons ; ne se préoccuperont-ils pas de donner aux nationaux naufragés qu'ils recueillent le moyen de reprendre les armes au plus vite ; des navires de commerce, chargés accidentellement de malades et de blessés, ne peuvent-ils aussi transporter des marchandises suscepti-bles de saisie ? » Tous ces dangers ne sont pas, au contraire, à redouter si, comme le voulait M. Paul Fauchille, on réservait le service des secours à des bâtiments innationaux à ce spécialement destinés, ne dépendant que du Comité international de la Croix-Rouge : alors, on pourrait, sans inconvénient, couvrir d'une inviolabilité générale les em-barcations hospitalières. On remédierait par là également au danger de voir les bâtiments belligérants secourir de préférence leurs nationaux. Pour obtenir une dénationalisation effective, M. Paul Fauchille proposait que les bâtiments sanitaires eussent à leur bord des médecins et infir-miers appartenant aux nations les plus diverses : « de la sorte, on n'aura plus à craindre les sentiments d'exclusivisme que tout patriote porte en soi ; il n'en résultera plus aucune indiscrétion vis-à-vis de l'un ou l'autre des belligérants ». Et c'est précisément parce que des hommes de na-tionalités différentes devraient séjourner sur les vaisseaux-hôpitaux que M. Paul Fauchille exigeait pour ces vaisseaux, quelle que fût leur provenance, une construction identique : il importerait, en effet, qu'en quelque endroit qu'ils eussent vécu jusqu'alors les habitants des navires sanitaires les connussent dès le premier moment et dans leurs moin-dres détails. A la déclaration de guerre, le Comité international de la Croix-Rouge entrerait en possession des flottilles sanitaires du monde entier et deviendrait ainsi comme une sorte de puissance souveraine. Dès le temps de paix, il serait constitué un corps international de mé-caniciens et de matelots, de médecins et d'infirmiers recrutés dans tous les pays et dont les membres seraient répartis entre les différents États, en proportion de leurs services sanitaires. Qu'une guerre éclate entre deux nations, les équipages, les médecins et les infirmiers de la Croix-Rouge rallieraient aussitôt, sur l'ordre du Comité international, les na-vires qu'ils doivent servir et que les États, dans les ports desquels ils se trouvent, auront entretenus pendant la paix. Une fois recueillis, les blessés seraient, eux aussi, innationalisés *et cela jusqu'à la fin de la guerre*. « Si les militaires devaient retourner aux armées après leur guérison, il serait à craindre, en effet, que les belligérants ne s'opposassent au sauvetage, par les navires hospitaliers, des équipages de l'ennemi; leur intérêt serait de les laisser périr ». Aussi proposait-on, dans le projet Paul Fauchille, que ces militaires fussent transportés sur le territoire des pays neutres les plus proches de ceux où le sauvetage aurait été opéré. Là ils seraient réunis dans des dépôts et feraient l'objet d'une surveillance étroite. Les frais de séjour et d'entretien de ces prisonniers seraient ultérieurement remboursés par leurs gouvernements respectifs.

Tel était l'ancien projet de M. Paul Fauchille sur l'assistance aux blessés et naufragés maritimes. C'est ce projet que j'ai proposé de prendre comme type dans les discussions relatives aux aéronefs sanitaires. Les dernières campagnes, et notamment celle des Balkans, ont démontré la quasi-impuissance des belligérants à assurer un sauvetage efficace et suffisamment rapide des victimes de la guerre. Je voudrais donc que le secours des blessés devînt une charge internationale, *incombant surtout aux neutres*. Je voudrais que, lors de la déclaration de guerre, toutes les flottilles de la Croix-Rouge aérienne du monde entier accourussent des quatre coins de l'horizon au secours des blessés et qu'il se fît, de par le monde et dans les esprits de tous, une évolution vers l'idée d'une intervention solidaire d'humanité lors de ces conflagrations qui, avec les groupements de puissances, menacent de plus en plus de prendre dans l'avenir les allures de cataclysmes mondiaux.

Et aussi bien, le transport dans le domaine aérien des idées émises autrefois par M. Paul Fauchille m'a amené à préconiser plus énergiquement encore l'emploi des dirigeables de préférence aux aéroplanes. Les dimensions des ballons permettraient de songer plus facilement à mettre côte à côte des médecins de plusieurs nationalités.

Cependant il ne serait pas impossible, même dans cette conception, de recourir à des aéroplanes de recherche, montés soit par un neutre, soit par deux ou même trois médecins, à raison d'un représentant de chaque belligérant, placés ou non sous l'autorité d'un officier neutre de grade supérieur.

Le troisième projet est de M. Fauchille lui-même. Amendant sa conception de 1899 et l'adaptant aux aéronefs sanitaires, il a présenté un projet de résolution dont les motifs sont à retenir : « Considérant qu'il est de la plus haute importance qu'en cas de guerre la recherche des blessés sur le champ de bataille puisse être opérée par le moyen d'avions sanitaires ; — Mais considérant que des avions sanitaires montés par un personnel de nationalité belligérante ne sauraient procéder à cette recherche en bénéficiant des immunités de la convention de Genève, à cause des indiscrétions que, par un sentiment légitime de patriotisme, leur équipage commettrait inévitablement sur les forces et les positions stratégiques de l'ennemi qu'il aurait surprises ; — Considérant qu'il n'est pas davantage possible d'employer à la recherche des blessés des avions sanitaires montés par un personnel de nationalité neutre, les États ne pouvant être contraints de fournir un personnel sanitaire dans une guerre où ils ne sont point parties ; — Considérant qu'il convient dès lors de s'adresser pour une œuvre de cette nature à un organisme indépendant à la fois des États belligérants et des États neutres ; — Considérant que cet organisme ne saurait être que le Comité international de la Croix-Rouge, dont l'objet est d'aider par les moyens en son pouvoir à l'assistance des blessés militaires sans distinction de nationalités. » Et, pour ces motifs, M. Fauchille demande que le Comité international de la Croix-Rouge soit invité à se constituer dès le temps de paix, avec l'aide pécuniaire des différents États et des Sociétés de la Croix-Rouge des divers pays, des escadrilles d'avions sanitaires, portant le pavillon de la Croix-Rouge et montés par des personnes appartenant à toutes les nationalités, qu'il mettrait en cas de guerre à la disposition des belligérants, en prenant soin de ne livrer à ceux-ci que des avions ayant à bord un personnel dont la nationalité ne serait celle d'aucun d'entre eux.

Contrairement à mon avis, M. Fauchille estime qu'il n'est pas possible d'employer à la recherche des blessés des avions sanitaires montés par un personnel de nationalité neutre, ces États ne pouvant être contraints de fournir un personnel sanitaire dans une guerre où ils ne sont pas parties. Je lui réponds, en passant, que mon projet a précisément pour but et pour but unique d'imposer en temps de guerre cette obligation aux neutres au moyen de conventions internationales librement consenties dès le temps de paix.

A l'encontre du projet de M. Paul Fauchille, comme d'ailleurs à l'encontre du mien, on a fait remarquer que les neutres peuvent avoir des sentiments de sympathie très marqués pour l'un des belligérants ; leur impartialité pourra parfois être mise à une rude épreuve et peut-être, de ce fait, l'autre belligérant se trouvera-t-il concevoir une défiance bien naturelle à leur endroit. Cette considération ne sera-t-elle pas un obstacle à la conclusion des accords internationaux que nous demandons ?

M. Quinton s'est demandé, à l'occasion du projet de M. Paul Fauchille,

— 53 —

si on ne pourrait pas le combiner avec le sien en ce sens que les avions
sanitaires de la Croix-Rouge, après leurs explorations, ne devraient pas
atterrir dans la zone de l'armée ennemie, mais seraient obligés de
prendre terre à des stations déterminées sous la direction de la Croix-
Rouge ; de ces stations, ils indiqueraient par télégraphie sans fil aux
Services de santé de l'armée les endroits où ils auraient découvert
des blessés. M. Paul Fauchille a fait observer que cette manière de
procéder aurait l'inconvénient de retarder les secours qu'il convient de
porter aux victimes de la guerre.

Tels sont les trois projets ou plutôt les trois embryons de projets
ébauchés dès la première heure. Si imparfaits soient-ils, ils sont à
proposer aux méditations de tous, pour servir de base aux discussions
internationales à instituer.

Le problème de droit international reste donc entier, mais il demande
une solution et une solution d'autant plus urgente que les esprits sont
actuellement mûrs dans ce pays pour faire aux avions sanitaires, à ceux
de recherche tout au moins, l'accueil qu'ils méritent.

Un courant de sympathie très marqué se dessine en leur faveur notamment dans les hautes sphères et les milieux éclairés de notre Service
de santé militaire. « Tout ce qui constitue un progrès pour la recherche
des blessés, me disait tout récemment M. le Médecin inspecteur général
Février, Directeur du Service de santé du Gouvernement militaire de
Paris, je l'accueillerai avec la plus vive ardeur, et, à ce titre, l'exploration du champ de bataille par les avions doit être encouragée. »

Ce sentiment, j'ose le dire sans y être autorisé, est également celui
de la Direction du Service de santé du Ministère de la Guerre. Je n'en
veux pour preuves que, d'une part, l'accueil très bienveillant que j'ai
trouvé auprès de M. le Médecin inspecteur Troussaint, Directeur de cet
important service, et d'autre part le fait que les expériences faites par
M. le sénateur Reymond aux grandes manœuvres, ont été prescrites sur
l'initiative même de cet officier général et en sa présence.

Sous de pareils auspices, nos grands oiseaux de la Croix-Rouge, qui
attendent tout là-haut, cachés derrière leurs nuages, encore tout timides,
encore bien craintifs, vont pouvoir regarder dans l'avenir avec plus
d'assurance, avec confiance même, et s'apprêter à descendre, quand
l'heure du devoir aura sonné, au secours de nos blessés militaires.

Ch.- L. Jolliot.

DOCUMENTS ANNEXES

« De Sirene » n° 8 du 17 décembre 1910 : Sur le transport des blessés graves ou intransportables sur le champ de bataille dans l'avenir avec ballons dirigeables et aéroplanes,

par C. DE MOOY, général dans le service sanitaire militaire,
en retraite (Hollande).

Cherchant en 1892 toujours à améliorer le transport des blessés en campagne, économisant les chocs, personnel et de temps, il me paraît que cela serait un idéal quand on pourrait un jour transporter les blessés, traversant l'air au moyen d'un ballon captif (voyez Degenees-Kundige, courant 1892, N° 33) comme je l'ai dessiné (voyez planche I), un idéal à la Jules Verne dont cependant quelques-unes de ses idées sont pourtant réalisées maintenant.

Lorsqu'après 1903 l'aviatique eut commencé à se développer et que j'avais lu en 1909 qu'avec le ballon dirigeable restaurant, le Zeppelin VII, on avait transporté 32 personnes de Berlin à Dortmund, il me semblait que de même manière une fois (un jour) ce ballon pourrait être utilisé pour le transport des blessés, quand on profite de mon cadre-porte-malade pouvant les transporter sans les soulever dans les bras dans une position *verticale* ou *inclinée* pour monter dans le ballon.

Pour le transport je préfère les ballons dirigeables (planche II *A*) parce qu'on peut transporter beaucoup plus de blessés intransportables tranquillement, qu'avec les aéroplanes *BB'* qui sont trop mobiles pouvant mieux les faire servir à chercher les nids de blessés pour les indiquer et les laisser transporter avec mon brancard à roues *G* ou de mes cadres-porte-malades couverts *D* et *E* au ballon dirigeable d'ambulance *CC'*.

PLANCHE I.

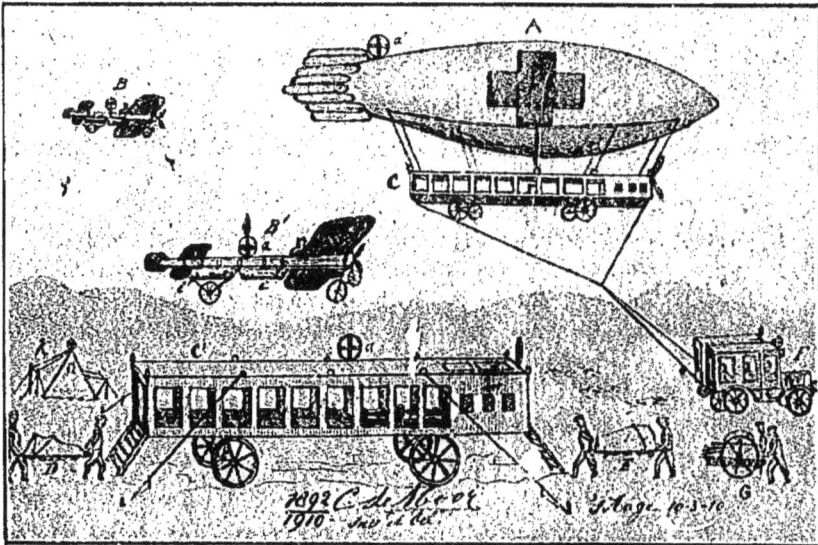

PLANCHE II.

Du moment qu'on a fait descendre le ballon *A* fixé au besoin à deux automobiles *F*, servant en même temps pour le transport des blessés qui ne
peuvent marcher, on est capable d'introduire ces blessés immobilisés dans
mon cadre *D E'*, tandis que les blessés mourants peuvent rester en observation dans mes tentes portatives *K'*.

La construction de l'ambulance *C* n'est naturellement qu'une idée très in-
complète.

Durant la nuit (planche III) le ballon *A* est visible par des petits ballons

PLANCHE III.

transparents *a a* éclairés à l'intérieur par la lumière électrique qu'on peut,
si nécessaire, rendre oui ou non *visibles* les signes de la Croix-Rouge ou du
Croissant, et quand on veut chercher les blessés on pourrait peut-être profiter de mon *Paralux* publié déjà en *1895* (Voyez *De Militare Spectator*,
1904). Donc la lumière ni la surface éclairée *Z* (planche IV) ne peut être
observée par l'ennemi et qu'on peut au besoin éteindre la lumière électrique *a
a'*. De même manière on peut aussi profiter de mon *Paralux* dans les aéroplanes pour explorer le champ de bataille sans être vu par l'ennemi.

G. DE MOOY.
(Traduit par l'auteur.)

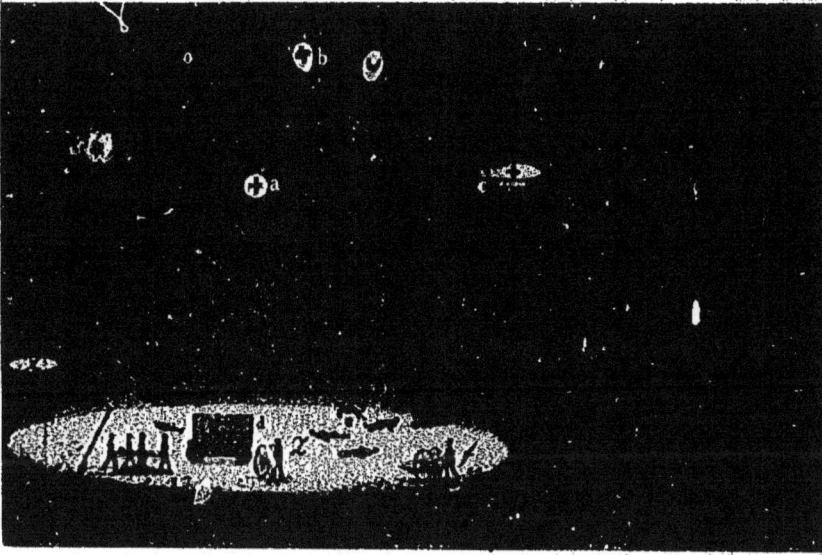

PLANCHE IV.

ANNEXE II

L'application des rayons de lumière invisible pour éclairer de petites surfaces du champ de bataille sans être observé par l'ennemi, avec le « Paralux » inventé et publié en 1895,

Par C. de Mooy, général dans le service sanitaire militaire, en retraite (Hollande).

Parce que c'est aujourd'hui pour les brancardiers et blessés très dangereux de les transporter durant le combat et aussi pendant la nuit, n'ayant que la lumière dont les rayons horizontaux peuvent toujours être vus par l'ennemi, c'était nécessaire pour ne pas être tué également, de pouvoir éclairer de petites surfaces du terrain suffisantes pour trouver les blessés sans être vu par l'ennemi à une distance de 300 à 400 mètres.

Parce que c'est connu que les rayons de la lumière sont invisibles on n'a, après avoir caché (masqué) la source de la lumière par mon *Paralux b* (planche V, fig. 1, 2 et 3), que de laisser tomber les rayons *verticalement Z* ou *incliné Z* (fig. 4, 7 et 9) pour éclairer la rue sans être observé ou une surface pour pouvoir trouver les blessés.

Lorsque j'avais lu que le système du Dr *Berthier et Gossart*, publié en 1908 avait peut-être le même but et expérimenté en 1912, je n'ai pas reçu une réponse assez claire pour connaître ce système, alors si c'était la même idée ; je puis indiquer ma possession *de priorité* de cette invention, l'ayant publiée déjà en *1895* à mon Gouvernement et à la Société Centrale de la Croix-Rouge de notre pays.

Le *Paralux b b* (fig. 1, 2 et 3) doit être construit de manière qu'il pût masquer la source de toute sorte de lumière *a* (fig. 1, 2) et *r* (fig. 5) (lanterne électrique) *b* (fig. 6) et pour l'éclairer j'ai profité du gaz d'acétylène développé dans le tube (porteur) *d* que le brancardier peut porter sur les épaules (fig. 7, 8 et 9). Avec la lanterne électrique de poche (fig. 4 et 5) on pourrait lire les écritures, ordres, etc. (fig. 10) sans être observé par l'ennemi. Avec un ballon captif *g* (fig. 6) fixé, on pourrait peut-être éclairer le terrain d'une hauteur de 6 à 8 mètres *Z*, sans être observé, tandis que, quand c'est nécessaire, on peut éclairer mes plaques de la Croix-Rouge *C*. De même on pourrait éclairer l'intérieur d'un petit ballon transparent *K* (fig. 6) assez grand pour pouvoir soulever les fils électriques, avec la lumière électrique, développé avec des accumulateurs transportés dans mon brancard à roues

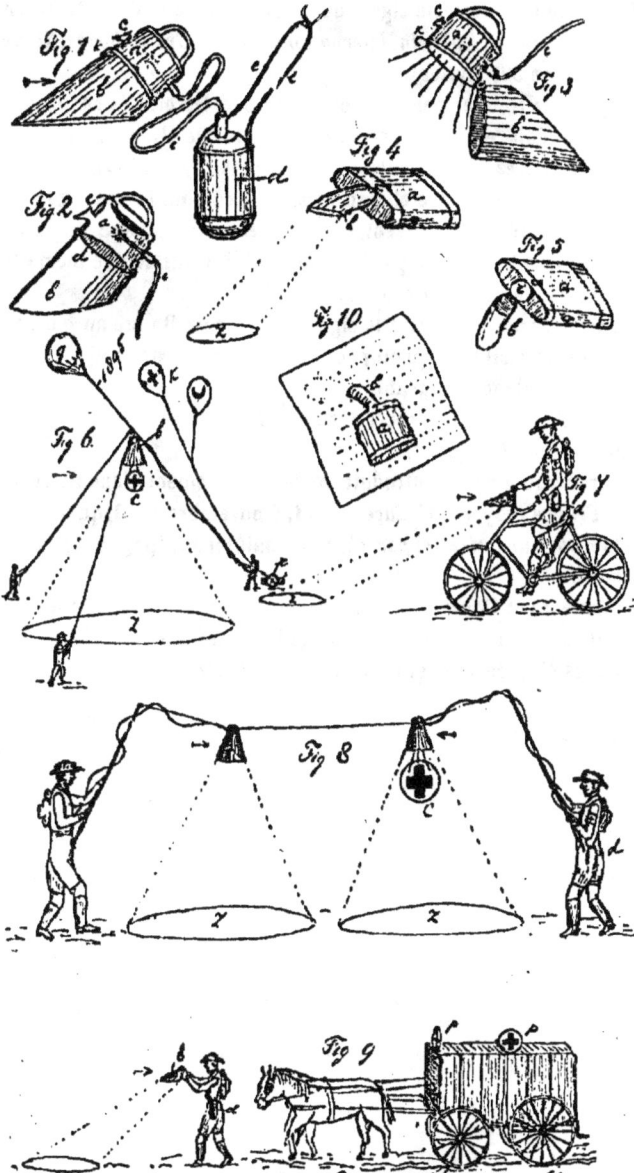

PLANCHE V.

N afin de pouvoir éclairer le signe de la Croix-Rouge *K* ou de la Lune croissant *K'* (voyez le *Bulletin international de la Croix-Rouge*, Genève, 1909, nº 157, page 39, février).

Afin de pouvoir trouver par une autre méthode les blessés sur le champ de bataille, j'ai déjà en *1892* proposé de profiter de *chiens*, maintenant le chien sanitaire (voyez *De Geneeshundige*, courant 1892, nº 34).

Planche IV vous présente le champ de bataille comme je me figurais que dans l'avenir les blessés peuvent être sauvés, *a* la plaque de la Croix-Rouge partout visible, éclairée par la lumière et *Z* la surface de même éclairée restant invisible par mon *Paralux*.

b ballon transparent montrant le signe de la Croix-Rouge ou *g* du croissant par tout côté visible et qu'on peut éteindre quand on veut.

c le ballon ambulance dirigeable ;

d l'automobile pour le transport des blessés ;

e les chiens sanitaires (1892) ;

f mon brancard à roues introduit réglementairement dans notre armée et imité en France (voyez le *Caducée*, nº 11, 2 novembre 1912) qu'on appelait en *1895* le « *porteur universel parachoc* » et maintenant (page 289) *brouettes-porte brancards*.

i l'aéroplane avec *Paralux* pour chercher les blessés *Z* pendant la nuit ;

x le brancard à roues (brouette-porte-brancards) pour transporter les accumulateurs et le carbide (130 kilogr.) pour l'éclairage.

G. DE MOOY.
(Traduit par l'auteur)

Association des Dames Françaises.

Paris, le 15 février 1912.

Note de M. Duchaussoy, professeur agrégé à la Faculté de médecine de Paris, secrétaire général de l'Association, sur l'emploi des Aéroplanes et des Dirigeables par les Sociétés de Secours aux blessés, en temps de guerre.

Cet emploi est-il désirable ?

C'est l'évidence même.

Les aéroplanes, particulièrement, en raison de la grande vitesse qu'ils peuvent déployer, seront très précieux pour sauver de grands blessés et des chefs indispensables à l'Armée, en cas d'opérations urgentes à faire avec toutes les ressources de la science chirurgicale.

Les vitesses de 70 km. à 80 km. à l'heure permettront d'effectuer en une heure, deux ou trois et plus des transports urgents pour amener ces blessés dans les centres spécialement préparés pour les opérations difficiles.

L'installation des malades à bord des aéroplanes ne paraît pas devoir soulever des difficultés insurmontables, puisqu'on a déjà pu transporter à la fois 6 à 8 personnes.

Des aménagements spéciaux pourraient sans doute permettre d'y installer deux ou trois malades étendus.

Des études sont à entreprendre dans ce but.

Les dirigeables offriront incontestablement des ressources plus commodes pour le transport d'un plus grand nombre de malades (sans doute de 10 à 15) à la fois, et pour lesquels le même degré d'urgence ne s'imposera pas. Les vitesses de 30 à 40 kilomètres et même 50, permettront encore d'atteindre rapidement des centres spéciaux pour ces malades ou blessés.

L'avantage des transports aériens déjà manifeste en raison de leur rapidité d'exécution, ne le sera pas moins au point de vue du bien-être des blessés qui n'auront pas à subir les trépidations et les cahots des véhicules sur terre.

Comment assurer l'inviolabilité des transports aériens, particulièrement au cas où il est nécessaire de franchir les lignes et territoires ennemis ?

On ne peut songer à effectuer de tels transports sans avoir au préalable prévenu l'ennemi.

Les marques distinctives (Oriflammes de couleurs spéciales, signaux particuliers, lumineux, etc.) ne sauraient suffire. Elles risqueraient de ne pas être vues à temps et exposeraient les aéronefs aux attaques ennemies.

On ne saurait, d'autre part, songer à échapper aux vues de l'ennemi, à ses chasses par d'autres aéronefs et à ses projectiles, même en s'élevant à de grandes hauteurs : Les études actuellement en cours laissent à penser que les projectiles lancés par des pièces à terre pourront exercer leur action destructive jusqu'à des hauteurs de 3.000 mètres et à des distances horizontales de 10.000 à 12.000 mètres. Il serait donc inutile de s'élever à de trop grandes hauteurs, ce qui, d'ailleurs, nuirait à l'emploi spécial en vue.

Dans ces conditions, la seule ressource efficace pour assurer l'inviolabilité des aéroplanes et des dirigeables, c'est d'avertir l'ennemi de leur mise en marche, en donnant, en même temps tous les renseignements précis indispensables : Nombre de blessés, leurs noms et qualités, les points de départ, d'arrivée, les noms et qualités des pilotes et des ambulanciers, les heures de départ, les trajets à effectuer, etc.

Comment donner tous ces renseignements à l'ennemi ?

Leur transmission directe paraît impossible au moins d'une manière générale ; car les emplacements des états-majors et des troupes, doivent autant que possible être dissimulés à l'ennemi, et la partie belligérante qui aurait à communiquer avec l'ennemi au sujet des évacuations, ne pourrait, souvent, savoir où lui envoyer les renseignements nécessaires.

Elle aurait, d'ailleurs, à craindre de faire savoir les points qu'elle occupe elle-même.

Force est donc de recourir à un intermédiaire neutre qui serait le point central où passeraient toutes les communications et celui d'où elles en repartiraient à destination définitive.

Cet organe neutre, centralisateur, serait à créer en temps de paix, soit avec le concours du Tribunal international de La Haye, soit avec le concours du Congrès général des Croix rouges. En temps de guerre il recevrait tous les développements nécessaires et prévus autant que possible, à l'avance.

Les parties belligérantes s'adresseraient à cet organe neutre, soit à son établissement principal, soit à ses succursales installées sur les théâtres des opérations de guerre.

Les transmissions par télégraphie sans fil pourraient être souvent employées à cet effet.

Le fonctionnement de ce nouvel organe devrait, dès le temps de paix, faire l'objet d'ententes entre toutes les puissances, qui prendraient les précautions nécessaires pour qu'il ne puisse devenir un centre d'espionnage ou d'indiscrétions sur les opérations des armées combattantes. Là, peut se trouver l'écueil du fonctionnement de cet organe, et la question est à étudier particulièrement à ce point de vue, afin de trouver les moyens d'y remédier. A première vue, il semblerait indispensable, pour éviter cet écueil, de constituer un personnel international de pilotes et d'ambulanciers spéciaux qui assureraient la conduite des aéroplanes, et des dirigeables, et les soins à donner pendant les transports et qui auraient pour premier devoir de ne révéler aucun renseignement, aucune indication quelconque concernant les armées sur les territoires traversés, pilotes et ambulanciers assermentés et liés par le secret professionnel.

Peut-on espérer trouver de tels pilotes et ambulanciers ?

Le problème ne laisse pas que d'être fort difficile, mais il ne faut pas désespérer de sa solution qui peut être trouvée grâce à la persévérance inlassable et aux efforts constants des organes bienfaisants qui ont déjà fait leurs preuves.

Association des Dames Françaises.

Commission de l'aviation, Séance du 17 avril 1912.

PROGRAMME DES TRAVAUX.

Messieurs,

Avant de nous occuper des conditions que doivent remplir les aéronefs, il importe de bien préciser la nature des services que nous désirons obtenir d'eux ; tout d'abord je vous signalerai le rôle très précieux que les aéronefs peuvent jouer dans la découverte des blessés tombés dans des bois, des ravins, des fossés et autres endroits où ils peuvent échapper aux recherches des brancardiers ; ce rôle est tellement évident, et d'ailleurs si facile à remplir, qu'il me paraît inutile de nous en occuper en ce moment. La même réflexion s'applique au transport rapide des médecins et des chirurgiens, dont M. le sénateur Reymond a déjà fait ressortir l'utilité, à la tribune du Sénat, en juin 1911. Mais ce qui nous préoccupe surtout aujourd'hui, c'est le transport rapide de certaines catégories de blessés ; certes, nous ne prétendons pas faire abandonner les moyens ordinaires de transporter les malades et les blessés de l'armée, tels que les brancards avec ou sans roues, les mulets avec les litières et les cacolets, les voitures régimentaires à deux ou à quatre places, et les automobiles disposées spécialement pour ces transports. Nous avons seulement en vue les circonstances particulières que voici :

a) Les blessés sont tombés dans des endroits où l'emploi des moyens usités est très difficile ou même impossible, ou dangereux pour ces blessés, tels que les montagnes, où il n'existe que des sentiers de chèvre, les vallées dont le sol est plein de fondrières, de tourbières, etc...

b) Tous les blessés ne nous préoccupent pas également ; nous songeons surtout ici à ceux qui sont atteints de plaies pénétrantes du crâne, du thorax avec blessures des poumons ou du cœur, de l'abdomen avec blessures de l'estomac, des intestins, de la vessie, du foie ; pour ces blessés il est absolument nécessaire de pouvoir faire rapidement et complètement les délicates opérations que leur état comporte ; il est aussi très important de ne pas faire des pansements provisoires et incomplets qu'il faudrait bientôt remplacer ; pour les sauver, il faut pratiquer de suite la désinfection du champ opératoire, l'arrêt des hémorragies, la fermeture des solutions de continuité et après tout cela, il faut en outre leur faire éviter les chocs, les cahots et tous les mouvements brusques qui viennent compliquer si gravement l'état de ces grands blessés et rendre souvent inutiles les talents des chirurgiens les plus habiles et les minutieuses précautions de l'antisepsie moderne.

En considérant la marche actuelle des aéroplanes et des ballons dirigeables à travers les airs, il nous a semblé qu'aucun mode de transport ne pouvait aussi bien qu'eux, réaliser à la fois la rapidité et la douceur des mouvements en même temps que la diminution de la longueur des trajets. J'ajoute que si nos vues à ce sujet sont réalisables, on parviendra, non plus seulement à faire arriver rapidement le blessé à l'ambulance, où on lui ferait les premiers pansements et opérations nécessaires, pour de là le faire transporter à nouveau dans un hôpital de 2e ou de 3e ligne ; mais, aussitôt après avoir déposé ce blessé avec le brancard ou le portoir sur lequel on l'a apporté dans l'appareil de transport attaché à l'aéronef, on pourra le diriger tout droit sur le grand hôpital d'une ville ; là, on trouvera tout ce qui est nécessaire pour les premiers soins, les opérations graves et pour les soins consécutifs et on pourrait le déposer sur un lit, où il resterait des semaines sans qu'on soit obligé de lui imprimer la moindre commotion.

Tel est, Messieurs, très sommairement, le but à atteindre, et c'est pour ce but que nous venons vous prier d'étudier et de résoudre, s'il se peut, les questions suivantes :

§ 1er. — Dans l'état actuel de la construction, du fonctionnement et de la marche des aéronefs, ces appareils permettent-ils de transporter les blessés gravement atteints dont nous venons de parler ?

§ 2. — Si leur construction actuelle ne le permet pas, comment peut-on la modifier pour réaliser notre désir ?

§ 3. — Quels sont les appareils de transport de blessés qui peuvent le mieux s'adapter, soit aux aéroplanes, soit aux ballons dirigeables, pour les blessés assis, pour les blessés couchés ?

§ 4. — De quelle manière ces appareils doivent-ils être fixés aux uns ou aux autres de ces aéronefs ?

§ 5. — Quel serait approximativement le coût de ces agencements et des aéronefs dont ils feraient partie ?

§ 6. — Dans une étude subséquente, nous pourrons rechercher les meilleurs moyens de faire éviter à ces ambulances volantes les attaques de l'ennemi.

Messieurs, si le programme d'études que je viens de vous exposer vous paraît à la fois répondre à l'enchaînement logique de nos travaux, et au rôle des Sociétés de secours en cas de guerre, nous pouvons commencer immédiatement l'étude de la 1re question, qui est ainsi libellée : les aéroplanes, les hydroaéroplanes et les ballons peuvent-ils servir au transport de blessés gravement atteints ?   Dr DUCHAUSSOY.

5

ANNEXE V

Association des Dames Françaises.

Projet de Règlement pour un Concours d'Aéroplanes
destinés au transport des blessés.

Désirant organiser par voie aérienne des moyens de transport pour les blessés militaires, pour lesquels il y aurait un intérêt majeur à éviter les secousses résultant du transport par les moyens actuellement en usage, l'Association des Dames Françaises a ouvert un Concours entre les constructeurs d'aéroplanes.

Les conditions de ce Concours sont les suivantes :

I. — CONDITIONS DU CONCOURS.

ART. 1er. — L'aéroplane sanitaire devra être disposé de manière à transporter, outre le pilote, quatre blessés couchés.

ART. 2. — Ces blessés seront placés sur des brancards du modèle indiqué par l'Association. Les brancards devront pouvoir être placés à bord des aéroplanes au moment du départ, ou en être enlevés au moment de l'atterrissage sans que les blessés cessent d'y être couchés.

ART. 3. — Le départ et l'atterrissage devront être aussi doux que possible, de manière à éviter toute secousse aux blessés transportés.

ART. 4. — L'aéroplane devra pouvoir effectuer sans escale des vols de 100 kilomètres au moins, à une vitesse en air calme de 80 kilomètres à l'heure au minimum.

ART. 5. — Il est désirable que l'on puisse, en cas de besoin, au lieu de 4 blessés couchés, transporter 6 blessés assis, mais ce n'est pas là une des conditions obligatoires du concours.

ART. 6. — Le premier aéroplane remplissant les conditions voulues, ainsi qu'il sera constaté dans les épreuves indiquées au Titre II, sera acquis par l'Association des Dames Françaises moyennant un prix de 70.000 francs, à la condition d'avoir été présenté et essayé dans un délai d'un an à partir de l'ouverture du concours.

ART. 7. — Le Concours prendra fin après la réception du premier appareil accepté. Il prendra également fin dans le délai d'un an si aucun appareil remplissant les conditions voulues n'a été présenté à l'Association. Toutefois, dans ce dernier cas, le délai pourra être prorogé par l'Association des Dames Françaises.

ART. 8. — Dans le cas où l'aéroplane accepté serait disposé de manière à permettre éventuellement le transport de 6 blessés assis, une prime supplémentaire de 5.000 francs serait allouée au constructeur. Cette prime serait portée à 10.000 francs dans le cas où l'on pourrait transporter 8 blessés assis.

II. — Epreuves.

ART. 9. — Les aéroplanes présentés pour le concours seront examinés par un jury nommé par l'Association des Dames Françaises.

ART. 10. — Ce jury comprendra : des officiers, des médecins civils et militaires, des ingénieurs, et des techniciens ayant une compétence spéciale en aéronautique. Les constructeurs d'aéroplanes ne pourront pas en faire partie.

ART. 11. — Les épreuves auront lieu aux dates indiquées par le jury. Les aéroplanes présentés devront être amenés par leurs propres moyens à un aérodrome désigné comme point de départ et de retour. De là, les aéroplanes devront partir pour des points désignés par le jury, et situés à des distances comprises entre 50 et 150 kilomètres du point de départ. A l'aller, les aéroplanes seront libres d'emporter la charge qu'ils voudront ; ils devront atterrir au point de destination indiqué, et là on embarquera à leur bord des brancards portant des mannequins représentant un poids équivalent au poids des blessés. Les aéroplanes ainsi chargés devront revenir, dans le délai le plus rapide, à leur point de départ.

ART. 12. — Les épreuves auront lieu pendant 3 jours consécutifs, au cours desquels les aéroplanes devront parcourir chaque jour en tout un minimum de 300 kilomètres ; sur l'ensemble des 3 jours, la distance totale parcourue devra atteindre 1.200 kilomètres.

ART. 13. — Au cours de ces épreuves, les aéroplanes chargés devront s'élever à la hauteur de 500 mètres en moins de 15 minutes.

ART. 14. — Dans le cas où un aéroplane présenté serait disposé pour transporter des blessés assis, les 3 jours d'épreuves réglementaires seraient réservés au transport des blessés couchés, et une 4e journée d'épreuves aurait lieu pour le transport des blessés assis. Cette épreuve consisterait uniquement dans un voyage aller et retour à un point situé à 50 kilomètres du point de départ.

ART. 15. — Si une épreuve est interrompue par un atterrissage en cours de route, elle sera annulée, mais le concurrent sera libre de la recommencer et sera admis si, celle épreuve étant comptée pour rien, il remplit les conditions du programme.

Art. 16. — Les concurrents qui, dans les 3 jours fixés, n'auraient pas rempli les conditions, pourront demander de nouvelles épreuves, mais elles devront toujours être faites dans trois jours consécutifs, parmi lesquels pourront compter, s'il y a lieu, le dernier ou les deux derniers jours primitivement fixés.

Art. 17. — Ces conditions ne s'appliquant qu'au transport de blessés couchés, l'épreuve de transport de blessés assis pourra être faite à un jour quelconque, sans qu'il soit nécessaire que cette épreuve suive immédiatement les trois journées réglementaires. Il est d'ailleurs bien entendu que l'épreuve de transport de blessés assis ne compte que pour l'attribution de la prime, l'achat du premier appareil satisfaisant étant la conséquence obligatoire de la réussite des épreuves de transport de blessés couchés.

ANNEXE VI

Association des Dames Françaises.

Aéroplanes de secours.

Lettre à M. le Ministre de la Guerre du 23 mai 1912.

Monsieur le Ministre,

Depuis le mois de novembre 1911, l'Association des Dames Françaises de la Croix-Rouge se préoccupe beaucoup de la possibilité de transporter par la voie des airs certaines catégories de blessés qui ont besoin, pour échapper à la mort, d'être transportés le plus rapidement possible dans un grand hôpital situé en dehors de la zone de bataille.

Là, ils trouveront, non seulement la tranquillité nécessaire à leur état, mais encore toutes les précautions d'asepsie et d'antisepsie, tous les appareils et instruments nécessaires à l'exécution rapide et complète des délicates opérations que la chirurgie actuelle doit entreprendre et mener à bonne fin.

M. le Dr Duchaussoy a pris l'initiative des études nécessaires à la réalisation de ce projet et il a exposé ses idées devant les Comités de Nice, de Marseille, etc... Rentré à Paris, dans les premiers jours de mars, il a provoqué la réunion d'hommes très compétents en matière d'aviation, en même temps que de chirurgiens très expérimentés. Cette commission comprenait le général Dalstein, du génie, le colonel Clergerie, du génie, le commandant Paul Renard, le commandant Lucas Girardville, le lieutenant Faucompré remplaçant le colonel Bouttieaux, empêché, le Dr Radouan, médecin principal de l'armée en retraite, le Dr Walther, chirurgien des hôpitaux de Paris, le médecin-major Boussenat, attaché à la 7e direction et, pour représenter l'association des Dames Françaises, le Dr Duchaussoy, secrétaire général, le colonel Meaux St-Marc, président de la propagande, M. Delaplane, secrétaire de l'association.

I

Cette réunion a tenu deux longues séances; dans la première elle s'est occupée surtout des objections très sérieuses que l'on pouvait faire tant au point de vue militaire qu'au point de vue médical, au transport des blessés par la voie des airs ; dans la seconde, elle a établi un programme pour l'exécution du biplan qui permettrait de réaliser ce transport.

Voici les principales idées qui ont été adoptées :

1° Le transport par la voie des airs de certaines catégories de blessés est très souhaitable.

2° La recherche des *nids de blessés* à l'aide des aéroplanes rendra des services qu'aucun autre moyen de recherches ne peut rendre.

3° Pour l'enlèvement et le transport des blessés très gravement atteints, il est d'abord nécessaire que ces blessés aient été préalablement transportés sur des brancards et réunis dans un même espace, et cet espace doit être choisi de telle sorte que les aéroplanes puissent y atterrir facilement et en repartir après avoir pris l'élan qui leur est nécessaire.

4° Il serait très utile que, par la télégraphie sans fil ou tout autre moyen le grand hôpital voisin pût être averti de l'arrivée de ces blessés, de la nature des blessures, de manière à ce que tous les préparatifs utiles pussent être faits avant l'arrivée.

5° Une des conditions les plus propres à faire éviter les complications serait que le même brancard, qui a servi à porter le blessé sur le terrain de réunion choisi, pût s'adapter aisément à l'aéroplane et qu'à l'arrivée à l'hôpital, ce même brancard pût être détaché facilement de l'aéroplane et placé sur la table d'opération, peut-être même ensuite sur le lit définitif, de telle sorte que le blessé n'ait subi que le minimum de mouvements, de commotion et de déplacement.

II

Il est bien entendu que le trajet de l'aéroplane se fera en évitant le passage au-dessus de l'armée ennemie.

Cependant on peut prévoir qu'il sera possible, par l'intermédiaire du Comité Central de la Croix-Rouge à Genève, d'obtenir, sous certaines conditions, le libre passage au-dessus des lignes ennemies ; les aéroplanes étant munis, soit de banderolles dans le jour, soit de lumières électriques dans la nuit, qui permettraient de reconnaître facilement l'ambulance volante placée sous la sauvegarde de la Croix-Rouge.

C'est une question qui pourrait être ultérieurement étudiée, mais actuellement nous n'envisageons que la possibilité de traverser les airs au-dessus des lignes françaises, pour gagner l'hôpital désigné.

III

Quel pourrait être le rendement utile de ces moyens de transport ?

La Commission, considérant qu'un biplan pourra transporter *quatre* malades couchés ou *six* blessés assis, et qu'on évaluant approximativement la distance qu'il aura à parcourir, on peut admettre qu'il pourra faire *cinq* voyages dans la journée, estime que chaque aéroplane donnera comme rendement le transport de 20 blessés couchés ou de 30 blessés assis.

Considérant d'autre part, que chaque corps d'armée étant muni de *dix* biplans ambulances-volantes, le rendement pour ce corps d'armée serait de 200 blessés couchés ou de 300 blessés assis, la Commission estime que ce rendement, pour des cas particulièrement très graves, justifie la dépense que doivent entraîner la construction et le fonctionnement de ces aéroplanes.

IV

La commission admet que c'est seulement l'Administration de la Guerre qui peut fournir les aéroplanes nécessaires aux Corps d'armée et qu'elle seule peut aussi en assurer le fonctionnement.

V

Quant à la construction de ces aéroplanes-ambulances, aux conditions qu'ils doivent remplir et au prix qu'on devra les payer, la Commission a rédigé un rapport très détaillé ; nous le joignons à cette lettre, en faisant observer que l'Association des Dames Françaises ne croit pas pouvoir assumer par elle-même les frais considérables de la construction et des épreuves de ce premier appareil.

Nous ajoutons encore ce détail que le lieutenant Faucompré a offert à la Commission de disposer lui-même sur son biplan les appareils nécessaires pour faire l'expérience du transport des blessés ; il n'attend que l'autorisation de son chef, le colonel Hirschauer, et le lieutenant Faucompré pilotera lui-même son appareil pendant cette expérience.

VI

Pour conclure, l'Association des Dames Françaises de la Croix-Rouge a l'honneur d'offrir à Monsieur le Ministre de la guerre, non seulement l'idée de son projet, mais les moyens d'exécution qui ont paru les meilleurs à la Commission précitée ; elle espère que si, comme elle le croit, le transport à travers les airs de certaines catégories de blessés paraît une innovation des plus utiles, les quelques perfectionnements que le Ministère croira nécessaire d'ajouter à nos études ne l'empêcheront pas d'en accepter le principe et d'en réaliser lui-même l'exécution pour le plus grand bien de l'armée ; car c'est la seule considération qui guide les efforts incessants de l'Association des Dames Françaises.

Veuillez agréer, Monsieur le Ministre, l'expression de nos sentiments les plus distingués et de notre entier dévouement à l'Armée.

ANNEXE VII

Note jointe à la lettre qui précède concernant l'emploi du biplan pour le transport de certains blessés.

1° Les blessés pour lesquels ce mode de transport aura été reconnu utile par le médecin militaire auront été d'abord transportés à l'aide d'un brancard à l'endroit de concentration des grands blessés, et c'est tout près de cet endroit que l'aéroplane devra atterrir. Ce lieu de concentration devra présenter une surface plane, dans une étendue d'au moins 50 mètres, pour l'atterrissage et l'envolée du biplan.

En supposant que l'arrivée du biplan et son voyage à l'hôpital demandent chacun environ *une heure*, on peut penser que l'aéroplane pourra exécuter 5 voyages, et que par conséquent une flottille de *dix* (10) aéroplanes pourra dans une même journée, transporter 200 blessés, ce qui serait un chiffre considérable qui justifierait les dépenses faites pour la construction et le fonctionnement de ces aéroplanes.

2° On estime qu'il n'est pas actuellement possible de transporter plus de *quatre* blessés couchés, et qu'il n'y a pas lieu de se préoccuper actuellement des blessés assis.

3° On estime que l'aéroplane fera facilement avec ses 4 blessés un trajet de 50 kilomètres environ.

4° Les aéroplanes étant très encombrants devraient être réunis au début d'une bataille dans un endroit assez éloigné des combattants.

5° On pourrait utiliser la télégraphie sans fil pour demander la venue des aéroplanes et, d'autre part, pour prévenir l'hôpital de leur arrivée.

ANNEXE VIII

Service de santé en campagne.
De l'utilisation de l'aéroplane à l'évacuation des blessés en campagne,

Par M. le Dr Perret,
Médecin aide-major de 1re classe au 99e régiment d'infanterie (1).

Il n'est pas un médecin militaire qui, ayant réfléchi à ce que serait en campagne l'évacuation des blessés, n'ait été frappé par l'énorme difficulté de cette opération. Les éléments de cette difficulté sont multiples, mais les principales imperfections des modes d'évacuation actuellement prévus peuvent se résumer à deux : leur peu de confortable et leur lenteur, d'où résultent pour le blessé un danger sérieux d'aggravation, et pour les formations sanitaires de l'avant un encombrement qui paralyse leur action.

Peu confortables, en effet, les voitures de réquisition plus ou moins aménagées, souvent simples chars aux ressorts de cordes ou de pailles, chariots des différents services retournant à vide ; peu confortables même les voitures d'ambulance à deux ou quatre roues. Quoi d'étonnant alors, en présence de pareils moyens, à ce qu'on ait hésité à transporter des hommes atteints de blessures graves, de plaies viscérales, par exemple.

Quant à la lenteur des convois, elle est remarquable : leur vitesse atteint à peine 3 kilomètres à l'heure. Il leur faut donc de 15 à 20 heures pour gagner, à 50 ou 60 kilomètres en arrière, l'hôpital d'évacuation. Cette lenteur ne tient pas uniquement à l'insuffisance des véhicules employés ; l'encombrement des routes par les innombrables convois qui suivent les armées, le mauvais état des chemins défoncés par cette circulation anormale, contribuent à ralentir la marche des convois de blessés.

Or, tous les médecins qui ont étudié la question s'accordent à reconnaître que les deux qualités primordiales à demander à un service d'évacuation sont : la rapidité et le confortable. Éloigner les blessés du champ de bataille le plus rapidement et le plus loin possible, sans dommage pour leurs blessures, de façon qu'à aucun moment les formations mobiles de l'avant ne soient immobilisées par eux, tel doit être le principal souci du service de santé en campagne.

(1) *Le Caducée* du 18 mai 1912 (n° 10).

Il est d'usage, au point de vue de leur évacuation, de diviser les blessés en catégories : 1° blessés pouvant marcher ou être évacués assis dans les voitures non spécialement aménagées ; 2° blessés à évacuer couchés ; 3° blessés intransportables. La première catégorie, la plus nombreuse heureusement, ne nous cause aucune inquiétude. Ce n'est pas elle qui est gênante. Les hommes une fois pansés et rassemblés s'évacuent seuls, pour ainsi dire. Nous pouvons sans crainte les abandonner à leur initiative : ils prendront d'eux-mêmes le chemin de l'intérieur. Quant à la dernière catégorie, elle n'existe encore qu'à cause de l'imperfection des moyens actuels ; elle disparaît à peu près complètement avec le mode de transport par voie aérienne que nous proposons. Or, ce sont justement ces blessés très grièvement atteints, considérés jusqu'ici comme inévacuables, et les blessés à évacuer couchés qui compliquent étrangement le service des ambulances, immobilisant dans une zone, où les opérations militaires sont actives, un matériel et un personnel considérables.

Envisageons, au contraire, la possibilité d'avoir recours à la voie aérienne pour ce service, étant bien entendu que, au moins pour débuter, son emploi serait réservé aux seuls blessés gravement atteints, c'est-à-dire à environ 20 0/0 du nombre total des blessés. On peut se rendre compte immédiatement des immenses avantages résultant de son emploi.

Le confort, envisagé au point de vue de la suspension est idéal : ici pas de cahots, pas de chocs, même à l'atterrissage pour lequel on aura eu tout le loisir de choisir et d'aménager un terrain convenable. Les blessés les plus graves peuvent se confier à l'aéroplane sans crainte, je dirais même avec l'espoir d'arriver assez tôt pour une intervention précoce.

La rapidité de l'évacuation n'est-elle pas idéale aussi ? L'avion sanitaire suivant la ligne droite, libéré des encombrements sous-jacents, protégé par ses insignes de neutralité, se fera un jeu, en quelques instants, d'aller déposer son précieux chargement loin, en arrière, dans une zone calme, propice aux interventions efficaces, en tout cas proche d'une voie ferrée ou navigable, qui permettrait la continuation du transport par trains sanitaires ou convois de bateaux.

Le service sanitaire de l'avant se trouverait ainsi simplifié : une seule formation très mobile, assez rapprochée de la ligne de feu pour collecter facilement les blessés, assez éloignée pour n'avoir pas trop à souffrir du feu de l'ennemi : l'ambulance légère prévue par le nouveau règlement. Là, les blessés recevraient le complément des soins urgents commencés par le service régimentaire, et surtout seraient mis en état d'évacuation. C'est à proximité de son emplacement que l'aéro viendrait atterrir et opérer son chargement.

A quelque 50 ou 60 kilomètres en arrière, à une distance, par conséquent, qui ne saurait compter pour un avion (elle représente 3 ou 4 kilomètres pour une voiture, un centre est constitué, sur une voie ferrée ou fluviale de préférence, où s'opère la concentration des évacués. Un hôpital, l'hôpital d'évacuation actuel, y est installé et aura pour mission : 1° de soigner sur place ou de remettre aux hôpitaux locaux ou auxiliaires les blessés incapables de continuer le voyage ; 2° de diriger les autres sur l'intérieur en organisant les trains sanitaires ou les convois de bateaux.

Rien ne s'oppose, en outre, à l'emploi des appareils retournant à vide sur la ligne de feu pour le transport des matériaux de remplacement les plus urgents, pansements et objets médicaux par exemple.

Peut-être objectera-t-on que, en attendant le moment de leur emploi, les avions sanitaires ne feront, chargés sur leurs camions, que contribuer à l'encombrement général ? Or, qui ne sait que le souci permanent des états-majors est la stricte limitation des impedimenta, mal nécessaire des armées ? Nullement, à mon avis. L'aéroplane a l'inestimable facilité de pouvoir suivre de très loin la troupe à laquelle il est attaché sans jamais en être réellement éloigné : sa vitesse et surtout la liberté complète de sa route lui permettent, quelques instants après la réception de l'ordre, de rejoindre le point où l'on a besoin de lui. L'escadrille sanitaire est normalement une formation de l'arrière, attachée à l'hôpital d'évacuation. C'est une route idéale, un pont instantané reliant le champ de bataille à la voie ferrée. C'est également en arrière, à proximité de cet hôpital d'évacuation, que s'immobilisera le convoi de ravitaillement indispensable, prêt à s'avancer s'il en est besoin.

Ceci posé, il reste plusieurs questions capitales à envisager : la plus importante peut-être est l'aménagement de ces appareils à destination très spéciale. Et d'abord combien d'hommes couchés chaque avion pourra-t-il transporter ? Il est bien difficile de fixer un chiffre définitif. Prenant pour base un appareil du concours militaire pouvant enlever 300 kilos, plus l'essence et l'huile pour 300 kilomètres, nous voyons déjà que nous pouvons faire un sérieux gain de poids sur le combustible. Nos appareils n'auront à parcourir sans ravitaillement qu'une distance assez faible, 100 à 120 kilomètres environ ; ils n'auront pas à prévoir un grand excédent de puissance, puisqu'il ne leur sera jamais demandé de s'élever très rapidement. Il semble donc que, avec le matériel nécessaire, il n'est pas pas téméraire de penser qu'on pourrait actuellement enlever quatre blessés couchés ; c'est exactement ce que transporte une voiture à quatre roues qui fait 5 à 6 kilomètres à l'heure, en route excellente et libre.

Nous avons, du reste, la bonne fortune d'avoir, à ce sujet, l'avis d'un de nos constructeurs les plus autorisés, Henri Farman. Pour lui, quoiqu'il déclare très possible la construction de machines pouvant transporter jusqu'à douze personnes, il sera préférable de se contenter des appareils actuels pouvant enlever trois blessés et un infirmier ou quatre blessés en plus du pilote.

Quant à la question de l'aménagement de ces blessés, le même constructeur estime qu'elle ne présente pas de difficultés. On pourrait, par exemple, suspendre les brancards en dessous de la grande surface portante d'un biplan sans que l'équilibre de la machine en soit modifié. Les détails d'arrimage devront faire l'objet d'essais spéciaux, mais nos ingénieurs ont montré qu'ils savaient venir à bout de bien d'autres difficultés.

Comme rendement, l'aéroplane atteindrait facilement un chiffre énorme, si on le compare aux autres modes d'évacuation. En dix heures et demie (7 heures de vol effectif, 3 h. 1/2 pour les chargements), dix appareils pourraient évacuer, à raison de 4 blessés par voyage et par appareil, 240 blessés graves à 60 kilomètres en arrière de la ligne de feu. Pour transporter 40 blessés seulement à la même distance, et dans quelles conditions ! dix voitures d'ambulance ou véhicules aménagés mettront vingt heures. Mais il faudra également vingt heures pour revenir à leur point de départ et être utilisés à nouveau... si, après quarante heures de marche sans arrêt, l'état de leurs chevaux le permet.

Rapidité, confort, grand rendement, simplification considérable du service et libération rapide des formations sanitaires de l'avant, évacuation immédiate à grande distance, sans intermédiaires, tels sont les énormes avantages que présenterait l'emploi des aéroplanes pour le service de santé de l'armée.

Sans doute objectera-t-on qu'en l'état actuel de la navigation aérienne, cette réalisation est chimérique et beaucoup seront d'avis que ces idées sont prématurées. Qu'ils jettent un regard en arrière et réfléchissent qu'en matière d'aviation les progrès devancent les rêves les plus osés. La sécurité elle-même, si désirable que soit son perfectionnement, est actuellement parfaitement suffisante ; et pas un blessé n'hésiterait à se confier à l'aéroplane, qui reculerait devant les souffrances et les dangers plus encore d'un transport par voie de terre. L'augmentation de la sécurité nous permettra surtout, condition essentielle, d'utiliser la voie aérienne par presque tous les temps.

C'est qu'en effet on ne manquera pas de nous opposer qu'il existe des jours de grand vent, pendant lesquels les appareils devront rester au hangar. C'est vrai ! et quoique ces jours-là deviennent de plus en plus rares, ils existent encore. Eh bien ! ces jours-là, nous en serons quittes pour employer les moyens dont nous nous contentons aujourd'hui ; la réquisition et l'aménagement de fortune des voitures et fourgons, quand nous ne pourrons pas mieux faire, resteront à notre disposition.

La plus grande difficulté, à mon avis, ce sera de munir tous ces avions d'un pilote. Mais point n'est besoin d'officiers pour cette mission assez simple en somme ; ne pourrait-on pas trouver parmi le personnel assurant actuellement le service des convois d'évacuation les deux ou trois cents pilotes nécessaires ? Et qui empêcherait les sociétés civiles de secours aux blessés, qui disposent de moyens suffisants, d'entretenir dès le temps de paix sinon tous, du moins une partie de ces pilotes et de ces appareils ? Ne pourrait-on pas également appliquer à l'aéroplane le système des primes aux appareils privés remplissant les conditions voulues, méthode en usage pour les poids lourds automobiles ?

Je sais bien que d'autres besoins plus pressants sont à satisfaire d'abord, que les blessés ne donnent pas la victoire et qu'en somme leur destinée passe au second plan. Mais je crois cependant que la certitude pour l'homme qui se bat d'être éloigné rapidement, confortablement du champ de bataille en cas de blessure, est un facteur moral de premier ordre dont on pourrait, pour le bien de tous, tirer parti.

ANNEXE IX

Croix-Rouge. — A propos de l'utilisation de l'aéroplane à l'évacuation des blessés en campagne (1).

La publication de l'article de notre camarade Perret sur l'utilisation de l'aéroplane à l'évacuation des blessés en campagne (*Caducée*, n° 10) nous a valu une lettre du Dr de Mooy. Notre éminent confrère nous fait savoir que dès 1910 il avait envisagé cette question, et il a appuyé son dire de l'envoi du numéro du 17 décembre 1910 du journal « *De Sirene* » qui contient un article de lui intitulé « Over het vervoer van lijders in de tockomst, met Cestuurbare, ballons en aéroplanem », et accompagné de dessins suggestifs. Nous avons plaisir à enregistrer cette nouvelle preuve de l'activité inlassable et de l'ingéniosité toujours en éveil de ce vétéran du corps de santé hollandais qu'il a grandement honoré.

De son côté M. le Dr Duchaussoy — qui lui aussi semble rebelle à l'action du temps — nous a envoyé deux documents qui montrent combien l'Association des Dames françaises s'est intéressée à cette question. Ce sont : une lettre adressée au Ministre de la guerre et un projet de règlement pour un concours d'aéroplane.

La lettre au ministre établit que depuis 1911 l'Association se préoccupe de la possibilité de transporter par les airs certaines catégories de blessés. Après avoir exposé ses idées à ce sujet à Nice, Marseille, etc., le Dr Duchaussoy a réuni à Paris une commission comprenant, en dehors des membres de l'Association : général Dalstein ; colonel Clergerie ; commandants P. Renard, Lucas Girardville ; lieutenant Faucompré ; médecin-principal Radouan, Dr Walter, médecin-major Baussenat.

Voici les principales idées qui ont été adoptées par cette commission :

1° Le transport par la voie des airs de certaines catégories de blessés est très souhaitable ;

2° La recherche des nids de blessés à l'aide des aéroplanes rendra des services qu'aucun autre moyen de recherches ne peut donner (2) ;

3° Pour l'enlèvement et le transport des blessés très gravement atteints,

(1) *Le Caducée* du 15 juin 1912 (n° 12).
(2) En posant cette affirmation la Commission avait probablement perdu de vue ce que l'on peut obtenir des chiens sanitaires, qui constituent le moyen le plus sûr et le plus facile de dépister les blessés, non seulement groupés, mais isolés. G.

Il est d'abord nécessaire que ces blessés aient été préalablement transportés sur des brancards et réunis dans un même espace, et cet espace doit être choisi de telle sorte que les aéroplanes puissent y atterrir facilement et en repartir après avoir pris l'élan qui leur est nécessaire.

4° Il serait très utile que, par la télégraphie sans fil ou tout autre moyen le grand hôpital voisin pût être averti de l'arrivée de ces blessés, de la nature des blessures, de manière à ce que tous les préparatifs utiles pussent être faits avant l'arrivée ;

5° Une des conditions les plus propres à faire éviter les complications serait que le même brancard qui a servi à porter le blessé sur le terrain de réunion choisi pût s'adapter aisément à l'aéroplane, et qu'à l'arrivée à l'hôpital, ce même brancard pût être détaché facilement de l'aéroplane et placé sur la table d'opération, peut-être même ensuite sur le lit définitif, de telle sorte que le blessé n'ait subi que le minimum de mouvements, de commotion et de déplacement.

Quel pourrait être le rendement utile de ces moyens de transport ?

La Commission, considérant qu'un biplan pourra transporter quatre malades couchés ou six blessés assis, et qu'en évaluant approximativement la distance qu'il aura à parcourir, on peut admettre qu'il pourra faire cinq voyages dans la journée, estime que chaque aéroplane donnera comme rendement le transport de 20 blessés couchés ou de 30 blessés assis.

Considérant d'autre part, que chaque corps d'armée étant muni de dix biplans ambulances-volantes le rendement pour ce corps d'armée serait de 200 blessés couchés ou 300 blessés assis, — la Commission estime que ce rendement pour des cas particulièrement très graves, justifie la dépense que doivent entraîner la construction et le fonctionnement de ces aéroplanes.

La Commission a admis que c'était à l'administration de la guerre à fournir les aéroplanes nécessaires, mais pour lui faciliter cette tâche elle a créé un concours d'aéroplanes destinés au transport des blessés, et comportant un prix de 70.000 francs. Voici les principales conditions exigées.

L'aéroplane sanitaire devra être disposé de manière à transporter, outre le pilote, 4 blessés couchés sur des brancards du modèle indiqué par l'association. Ces brancards devront pouvoir être placés à bord des aéroplanes ou en être enlevés sans que les blessés cessent d'y être couchés.

L'aéroplane devra pouvoir effectuer sans escale des vols de 100 kilomètres au moins, à une vitesse en air calme de 80 kilom. à l'heure au minimum.

Il est désirable que l'on puisse, en cas de besoin, transporter 6 blessés assis au lieu de 4 couchés. Dans ce cas, une prime supplémentaire de 5.000 francs serait allouée au constructeur. Elle serait portée à 10.000 francs dans le cas où l'on pourrait transporter huit blessés assis.   G.

ANNEXE X

A propos de l'emploi de l'aéroplane par le Service de santé (1).

Paris, 17 juin 1912.

Mon cher ami (2),

Dès qu'une invention prend une certaine consistance, il n'est guère de médecin militaire digne de ce nom, qui ne se demande immédiatement quel bénéfice en pourrait tirer notre spécialité. Nul plus que moi n'est enclin à l'utilisation, par le Service de santé, des découvertes les plus récentes.

Mais j'estime que l'emploi de l'aéroplane pour les évacuations est, pour le moment, du domaine de la fiction, et que nous devons nous garder de prendre nos désirs pour des réalités, sous peine de voir nos illusions se changer en regrets ou même en repentirs.

Malgré la grande estime que je professe pour notre éminent autant qu'ingénieux confrère de Mooy, ainsi que pour le vénéré Dr Duchaussoy et les membres de la Commission spéciale de l'Association des Dames françaises, je ne puis m'empêcher de leur crier « casse-cou » ; c'est, je crois, le cas de le dire.

Sans parler des chances d'accidents, il me semble qu'il suffit d'avoir vu les heurts violents provoqués par un départ ou un atterrissage d'aéroplane pour rejeter l'idée d'y placer nos « patients » gravement atteints et j'ai idée que ceux-ci nous sauraient fort mauvais gré de leur faire courir de gros risques, endurer de vives souffrances, pour obtenir un résultat très aléatoire et un rendement médiocre.

Est-ce à dire que le Service de santé militaire doive renoncer à jamais à l'emploi de l'aéroplane ? Non, car nous ignorons ce que l'avenir nous réserve. Je prétends simplement que l'idée est prématurée et que, en l'état de la question, le travail de ladite Commission ne peut que rester stérile. Je me garderai bien de douter du courage de ses membres, mais je ne crois pas me hasarder beaucoup en me représentant les regards émus — peut-être courroucés — de leurs épouses, mères ou enfants, si l'envie leur prenait de faire des expériences personnelles sur ce mode d'évacuation. Et je les suppose bien portants ; que serait-ce s'ils étaient malades ou blessés !

(1) *Le Caducée*, du 6 juillet 1912 (n° 13).
(2) Cette Lettre est adressée au rédacteur en chef du *Caducée*.

Tel ne serait pas mon avis s'il s'agissait d'utiliser les « dirigeables » pour le transport d'un certain nombre de « patients » dont l'évacuation s'impose. Et encore, à mon humble avis, ce moyen devra-t-il, pendant longtemps, rester exceptionnel.

Croyez, mon cher ami, à mes sentiments toujours bien cordiaux,

D' MARESCHAL,
Médecin inspecteur du cadre de réserve.

ANNEXE XI

En aéroplane. — La recherche des blessés (1).

On ne discute plus aujourd'hui le rôle capital de l'aéroplane, comme arme de guerre. Mais le docteur Reymond, sénateur de la Loire, a pensé que cette arme de guerre pouvait aussi être un appareil de secours. Président du Comité pour l'aviation militaire, homme de science, homme de sport, nul n'était mieux qualifié que lui pour tenter une expérience dont les lecteurs seront heureux de trouver ici le récit émouvant.

Rien n'est dangereux pour l'application simple et rapide d'une idée comme le développement téméraire qu'on veut parfois lui donner.

Depuis peu, on a beaucoup parlé de relever les blessés couchés sur le champ de bataille et de les évacuer au moyen d'aéroplanes.

J'ignore si l'avenir permettra de résoudre ce problème, mais je désire bien vivement qu'il ne soit pas confondu avec le projet réalisable dès maintenant qui consisterait à se servir de l'avion pour explorer les champs de bataille au profit des blessés et fournir au service de santé les renseignements qui lui sont indispensables. C'est là le projet dont M. Troussaint, Directeur du service de santé, a vu tout l'intérêt : grâce à lui, j'ai pu au cours des grandes manœuvres faire une première expérience.

Il est peu d'évocation plus angoissante que celle d'un champ de bataille après le combat : morts et blessés demeurent pêle-mêle ; les plaintes de ceux-ci se prolongent, réclamant un secours ; quand celui-ci leur sera-t-il apporté ? Pour s'en faire une idée, il faut s'adresser à l'expérience du passé. Au cours de la guerre de 1870, au cours de la guerre de Mandchourie, un grand nombre de blessés restèrent des jours et des nuits sans être relevés ; la mort survint chez nombre d'entre eux, moins du fait de leurs blessures que par suite de l'attente, du froid, de la faim et de la douleur.

Cet état de choses n'était pas toujours dû à l'insuffisance du personnel ; bien souvent à proximité relative des malheureux abandonnés se trouvaient des secours restant inactifs ; ils ignoraient les blessés : entre le mal et le remède le trait d'union avait manqué.

Voilà pour le passé ; que nous réserverait actuellement une guerre continentale ? Un tableau peut-être plus sombre, d'une part, à cause des héca-

(1) *Le Figaro* du 13 octobre 1912.

tombes qui se produiraient par places et, d'autre part, à cause de l'encombrement des routes dû aux tractions nouvelles de toutes sortes et dont aucune guerre jusqu'ici ne peut nous donner une idée.

Qu'on ne voie pas dans la crainte que j'exprime une critique à l'égard du service de santé dont les efforts et beaucoup d'heureuses initiatives méritent tout éloge ; mais ce qu'il ne devrait pas être permis d'oublier c'est que son fonctionnement en temps de guerre fait intimement partie de l'organisation de l'armée, que ce service de santé perd alors son autonomie, que les renseignements dont il a besoin pour agir lui sont fournis par l'état-major, que les moyens de liaison rapide entre ses éléments, comme la télégraphie, appartiennent aux combattants.

Or, comment en temps de paix se prépare-t-on à ce qui doit avoir lieu en temps de guerre ?

Le service de santé fait d'un côté des manœuvres dans lesquelles il ne dépend que de lui-même et où les combattants sont tous des blessés.

Notre armée effectue, d'autre part, les siennes ou elle supprime non seulement les blessés, mais — c'est là le point important — l'organisation même du service de santé.

Au cours des manœuvres dernières, directeurs et chefs de service de santé n'étaient mis au courant ni de l'action prévue, ni des engagements successifs.

« Nous avons tellement d'autres choses à faire », me disait un officier d'état-major.

Je doute qu'en temps de guerre le travail soit simplifié et je suis, en tout cas, bien certain que demain comme hier, du haut en bas de l'échelle, tout ce qui est combattant aura vers la lutte et la victoire une telle tension d'esprit que les déchets de l'armée ne lui importeront guère.

Or, ces déchets s'élevaient à 36 pour 100 en Mandchourie dans l'armée japonaise victorieuse, dont 15 morts seulement pour 85 blessés.

La méthode qui consiste à donner au service de santé des moyens d'action lui étant propres, a un double avantage : elle lui permet de faire œuvre plus utile et désencombre ceux dont la mission est de vaincre : tout procédé qui dépend de cette méthode mérite d'être étudié.

⁂

Et voici pourquoi le 17 septembre, au dernier jour des grandes manœuvres, je fus prévenu en tant que médecin-major de 2ᵉ classe que 300 blessés appartenant à la 9ᵉ division se trouvaient dans le quadrilatère Sepmes-Civray-Dournan-Bruyères et que j'avais à renseigner sur leur situation M. le médecin divisionnaire.

Je quittai Sainte-Maure en aéroplane, par beau temps, sans trop de vent, mais avec de violents remous au-dessous de 200 mètres, comme cela est fréquent pendant les heures chaudes du milieu du jour.

Avant d'entrer dans le quadrilatère désigné, je voulus repérer l'état-major de la 9° division dont je connaissais la situation, car j'avais dès ce moment l'intention de porter directement le résultat de mes recherches à M. le médecin divisionnaire.

Je survole Sepmes et suis de haut le petit chemin qui se dirige vers Bossée : à 4 kilomètres, contre une petite ferme, voici un groupe d'uniformes multicolores, officiers à pied, chevaux tenus par la bride : c'est bien l'état-major au point indiqué.

Je retourne au quadrilatère, j'en fais le tour, j'y pénètre volant bas, au-dessous de 100 mètres ; le terrain est couvert de troupes en pleine action ; le ronflement de mon moteur m'empêche d'entendre les coups de canon, le crépitement de la mousqueterie, mais des étincelles sans nombre se détachent du sol ; voici derrière un bois plusieurs escadrons de cavalerie ; sur le plateau des batteries font feu, au-devant d'elles de nombreux fantassins couchés en lignes ordonnées ; — pas de blessés.

Mais voici un rassemblement irrégulier en un point bien découvert : plusieurs me font des signes ; je pique sur eux, je glisse sur leurs têtes... Aucun uniforme, quelques jupes, ce sont des curieux groupés en un point d'où ils découvrent les opérations ; j'en trouverai encore d'autres que je maudirai, mais je me console en pensant qu'ils ne seraient pas là en temps de guerre.

Je longe la grande route de Sepmes à Bournan ; elle grouille de voitures, de cavaliers, de piétons. Au-dessus, dans une boucle de la route, un placard d'uniformes étendus ; des mouchoirs s'agitent ; plus loin, un autre groupe ; enfin ! ce sont des blessés. Je vois chaque groupe par devant mes ailes ; en passant directement au-dessus, par l'échancrure faite dans l'aile droite, je juge à peu près du nombre et l'inscris sur mon bloc.

Mais, pour le médecin aviateur, les blessés diffèrent beaucoup entre eux ; en voici qui remplissent mal leurs fonctions ; ils s'ennuyaient d'être couchés, ils sont debout, le nez en l'air ; il faut virer, descendre sur eux ; alors, ils se souviennent de la consigne, ils se couchent ; ce sont bien des blessés ! En temps de guerre, ils n'auraient pas quitté la position horizontale et dans leur hâte d'être relevés, à la vue de la croix rouge peinte sous les ailes, ils n'auraient pas oublié de faire le signe conventionnel qui rend la tâche si facile à celui qui regarde d'en haut.

Au nord du quadrilatère je traverse la plaine des Bruyères, vide de troupes, déserte ; les groupes de blessés se seraient bien détachés, mais il n'y en a pas, l'exploration est finie ; je grimpe en prenant la direction de l'état-major : on le voit déjà fourmillant auprès de la petite ferme ; celle-ci repose sur un terrain de bonne apparence ; je pique et me pose, accueilli par M. Camentron, médecin divisionnaire, par M. Troussaint et nombre de médecins militaires.

Et tout de suite je tiens à confesser que sur les 300 blessés, je n'ai pu en reconnaître qu'à peine une centaine ; j'en suis un peu confus, mais les figures s'éclairent d'un sourire ; on m'apprend que sur l'ensemble des blessés, on n'a pu disposer que d'un tiers seulement.

Je précise autant que possible l'emplacement des groupes de blessés sur la carte ; je remettrai un rapport sur l'expérience qui vient de s'achever.

∗ ∗

Ce rapport est remis ; je ne veux pas énumérer les observations techniques qu'il contient, mais je crois pouvoir dès maintenant affirmer que le service de santé aura, quand on le voudra, dans l'aéroplane, un instrument précieux de reconnaissance et de renseignement.

Il ne s'agit pas de découvrir tous les blessés, comme on l'a dit naïvement ; — pour un peu on assimilerait l'aviateur aux braves chiens dressés à découvrir les malheureux enfouis dans les taillis ou les fossés ; — non, le rôle que peut jouer l'aéroplane est rapide, utilisable sur une grande surface : c'est en quelques minutes qu'il peut voir la distribution générale des groupes de blessés.

Et dans quelle étendue peut-il agir ?

L'expérience du 17 septembre est intéressante à cet égard : les blessés appartenaient à une division ; le quadrilatère dans lequel ils étaient répartis mesurait 4 kilomètres par son plus grand côté ; c'est en treize minutes que le terrain choisi a été exploré. Il a dû être ensuite exploré au moyen d'une série de courbes qui, en faisant passer plusieurs fois au même point, pouvaient prêter à certaines erreurs.

L'observation aérienne est beaucoup plus facile en lignes droites prolongées parce que les points de repère choisis, étant lointains, sont faciles à conserver. Il y a tout intérêt à ce que l'exploration porte sur une zone plus étendue : celle qui correspond à plusieurs divisions combattant de front est plus facile et presque aussi rapide que celle d'une seule division : ceci revient à dire qu'un avion suffit pour un corps d'armée.

Or, c'est justement le médecin directeur du service de santé du corps d'armée qu'il est utile de renseigner au plus tôt. C'est lui qui, pendant et après la bataille, doit prendre les décisions rapides, les communiquer aux médecins divisionnaires, savoir si les moyens dont chacun dispose sont en rapport avec les pertes, s'il doit avoir recours aux réserves sanitaires.

Combien sa tâche peut être facilitée par l'aviateur qui, parti sur son ordre, revient peu après, lui disant : « L'action s'est engagée dans telle direction, à telle distance ; le champ de bataille a telle étendue de front, telle profondeur ; les blessés dont le nombre est approximativement de tant sont répartis par groupes dont les plus importants sont à tels points. »

Ce rôle sera plus précieux encore si le corps d'armée, vainqueur ou vaincu, a abandonné ses emplacements, laissant le médecin directeur remplir provisoirement les fonctions de médecin-chef du champ de bataille.

Il sera pour lui non seulement un instrument d'exploration, mais aussi de liaison des plus utiles : bien mieux, si les pertes sont telles que les pansements fassent défaut en certain point, il est à même d'aller en chercher aux réserves et d'en rapporter 150 ou 200 kilos au point où l'on en manque.

Et qu'on n'invoque pas comme difficulté grande la nécessité pour l'aviateur d'atterrir dans le voisinage du médecin directeur : il sera plus facile de prendre contact avec lui qu'avec le médecin divisionnaire ; il doit, en effet, rester en relation avec le poste de commandement du général de corps d'armée, et ce dernier dispose d'une escadrille d'aéroplanes dont le champ d'atterrissage est à proximité et dont l'avion médical ferait naturellement partie.

Je n'ai pas la prétention d'avoir rien dit de définitif ; je présente le résultat d'une expérience et j'indique les limites dans lesquelles le problème mérite d'être étudié dès maintenant.

Il suffit d'un accident qui, sous une forme dramatique, fasse quelques victimes, pour que la France entière s'en émeuve. Qui donc parmi nous oserait se désintéresser de questions qui demain peuvent sauver par milliers l'existence des Français défendant leur pays ?

Dᵣ EMILE REYMOND,
sénateur.

ANNEXE XII

Service de santé en campagne. De l'emploi de l'aéroplane en campagne par le service de santé de l'avant,

par M. le Dr H. TESTE, Médecin aide-major de 1re classe
des troupes coloniales (1).

Les idées exprimées dernièrement dans *Le Caducée*, au sujet de l'utili-sation de l'aéroplane par le service de santé en campagne, m'ont incité à vous faire connaître les résultats d'un commencement d'études pratiques de la question.

Au cours de l'année 1910, pendant un séjour au camp de Châlons, j'ai pu faire quelques vols sur un biplan Farman, type militaire, dans le but de me rendre compte seulement de l'emploi possible de cet engin pour la recher-che des blessés sur le champ de bataille.

J'ai survolé le terrain alternativement découvert et boisé du camp à diffé-rentes altitudes, à des vitesses variables, dans une atmosphère calme ou légèrement troublée.

J'étais peu disposé *à priori* à voir dans l'aéroplane un moyen pratique d'exploration pour déterminer l'emplacement des blessés. Mes observations m'ont autorisé à fonder quelque espoir sur l'utilisation pratique future de ce nouveau véhicule explorateur au point de vue qui nous occupe.

Et voici exposées rapidement les premières données expérimentales sur ce genre tout particulier d'observation.

L'appareil le plus apte serait un aéroplane à deux places, permettant aux regards de se porter sur tous les points du terrain. Comme tous nos appa-reils explorateurs de l'armée, il le faudrait robuste, d'un fonctionnement très régulier, d'une bonne stabilité en toutes circonstances, puisqu'il serait du devoir des passagers d'opérer dans la mesure du possible par tous les temps et au-dessus de terrains variés.

L'observateur serait de préférence un des médecins chargés de diriger le relèvement et la concentration des blessés. Il aurait toute facilité, pendant le vol, pour noter rapidement sur une carte assez détaillée, ou mieux sur un croquis fait à l'avance, la situation des divers blessés dans la zone par-courue.

(1) *Le Caducée* du 19 octobre 1912 (n° 20).

A quelle vitesse, à quelle altitude, à quel moment et pendant combien de temps aurait lieu cette investigation par la voie des airs ?

La vitesse et l'altitude varient dans le même sens, mais dans certaines limites, selon que le terrain est couvert ou découvert, et, dans chacun de ces cas, accidenté ou plat.

Si le terrain couvert est plat ou peu accidenté, il faudra aller à une vitesse faible, 50 à 60 kilomètres à l'heure et rester au-dessous de 100 mètres. Si le terrain, tout en restant couvert, est accidenté, on pourra s'élever jusqu'à 200 mètres, sans que la vitesse augmente sensiblement.

Envisageons maintenant le cas du terrain peu couvert ou nu. Ici l'observation devient plus facile ; on pourra voler jusqu'à 300 mètres et atteindre la vitesse de 70 kilomètres à l'heure ; enfin, au-dessus d'une zone découverte peu accidentée ou plate, on pourra encore dans de bonnes conditions de visibilité, reconnaître les groupements de blessés à 500 mètres d'altitude avec une vitesse de 75 à 80 kilomètres à l'heure.

On sait que le moment de relever les blessés se ferait, en principe, après le combat ou durant les accalmies. Cette donnée est nécessairement vague et, en pratique, il appartiendrait au service de santé d'avoir pour le choix de ce moment « le coup d'œil tactique », comme il a été écrit judicieusement. Dès que cette opération serait jugée praticable et même avant, l'exploration aérienne serait ordonnée ; elle précéderait avec avantage l'exploration par voie de terre et ne devrait pas durer plus d'une heure, préparatifs de départ compris. Aussitôt effectuée, les renseignements obtenus seraient mis à profit de façon à hâter si possible la recherche, et par suite le relèvement des blessés et leur transport vers les formations sanitaires.

Il nous paraît approximativement qu'un seul appareil suffirait pour explorer fructueusement une zone occupée par un corps d'armée.

Ce service aérien serait annexé naturellement au service de santé de l'avant. Il semble difficile, pour le moment, d'obtenir la neutralité d'un tel organe ; un aéroplane, même sanitaire, aura toujours vis-à-vis de l'ennemi un caractère combatif et sera de ce fait exposé parfois à essuyer son feu ; mais il constitue une cible si mobile et si fuyante que son rôle n'en sera pas compromis pour cela.

Que faut-il conclure présentement de ces quelques résultats ?

On peut se laisser séduire au premier abord par la belle perspective de l'utilisation de l'aéroplane par le service de santé en campagne. Il faut se montrer pourtant très réservé encore pour apprécier les services que l'on peut attendre d'un auxiliaire de ce genre. D'autre part, en présence des difficultés constantes et des dangers inévitables de l'aviation, le rôle de l'aéroplane dans le fonctionnement du service sanitaire me paraît devoir rester très limité et se borner à être ce qu'il sera surtout en campagne : un organe d'exploration servant à repérer les blessés sur un champ de bataille dans le cas particulier.

Et encore nous ne devons pas nous dissimuler qu'il nous permettra difficilement de découvrir du haut des airs les blessés blottis étroitement ou trop cachés. Ces derniers seront efficacement recherchés avec les chiens sanitaires qui dans ce but, restent encore jusqu'à ce jour des auxiliaires bien précieux, autant que j'ai pu m'en rendre compte et que le font espérer les résultats obtenus dans les exercices organisés à cet effet.

On ne peut, par suite et *à fortiori*, envisager sérieusement l'emploi de l'avion pour le transport des blessés et leur évacuation sur l'arrière. Je me permettrai même, sur ce point, d'être plus que de l'avis de M. le médecin inspecteur Mareschal ; un tel emploi me paraît être pour toujours du domaine de la fiction. Je fais une réserve pour l'hydro-aéroplane dont le rôle sanitaire demanderait aussi à être étudié, ce qui d'ailleurs n'a pas été encore proposé, à ma connaissance du moins.

Je terminerai en émettant l'opinion que l'emploi éventuel de l'aéroplane par le service de santé de l'avant mérite d'être étudié plus complètement, au cours des manœuvres du service de santé exécutées au voisinage d'un aérodrome et cela à bord des divers types d'appareils militaires et avec nos camarades comme observateurs.

ANNEXE XIII

Service de santé en campagne. — A propos de l'utilisation des aéroplanes à l'évacuation des blessés en campagne,

par M. le Dr Rybert (1),
Médecin-major de 1re classe.

L'idée d'enlever et de transporter des blessés graves au moyen de l'aéroplane, qui a pris jour ici même, dans *Le Caducée*, après avoir été déjà envisagée par le Dr de Mooy, a suscité des mouvements divers. L'enthousiasme des uns, d'imagination ardente, s'est vu opposer bien vite le scepticisme des autres, plus nombreux, il faut l'avouer, qui ne percevaient pas, dans l'emploi du mode de locomotion nouveau, la possibilité de réalisations pratiques.

La vérité, comme toujours, se tient sans doute entre les deux camps. Il est certain que l'on ne peut tout demander à l'aéroplane, et qu'il faut réserver ce moyen de transport à des catégories de blessés très particulières, à ceux qu'une nécessité urgente oblige à chercher à de longues distances les ressources thérapeutiques spéciales qu'il est impossible d'amener à pied d'œuvre, au milieu d'une zone où l'insécurité domine et où l'encombrement exclut toute intervention délicate.

Mais le problème, ainsi limité, reste éminemment soluble, d'abord parce que « impossible » surtout avec nos aviateurs n'est pas un mot français, et ensuite parce que les avantages d'un tel transport ne sont pas douteux et doivent être pris en considération urgente dès qu'il s'agit de la sauvegarde d'une importante fraction de la « précieuse moisson humaine fauchée sur le champ de bataille ». On a calculé, en effet, que dix appareils, en une demi-journée, évacueraient facilement, à 60 kilomètres en arrière, 250 blessés graves, chacun d'eux n'ayant guère à supporter que trois quarts d'heure d'un transport idéalement doux.

Il ne reste donc qu'à montrer aux sceptiques comment la chose est réalisable ; un jour viendra, très proche, où l'on pourra la leur montrer entièrement réalisée. Quant aux craintifs, il suffira de leur rappeler qu'aux dernières manœuvres nos aviateurs militaires ont fait 75.000 kilomètres, presque deux fois le tour de la terre, sans aucun accident.

Je ne veux pas m'arrêter à des objections spécieuses, d'allures parfois

(1) *Le Caducée* du 2 novembre 1912 (n° 21).

malveillantes, comme il est de coutume hélas ! quand certains parlent des choses de la médecine militaire. J'ai entendu dire : « Qu'allez-vous faire dans cette galère ? L'avion n'est pas fait pour vous ! Laissez-le aux combattants. » Mais la réponse n'est-elle pas implicitement contenue dans l'esprit, sinon dans la lettre du nouveau règlement sur le service de santé en campagne, qui distingue à peine le soldat qui se bat de celui qui panse, et qui non seulement prescrit la présence du médecin sur la ligne de feu, mais encore la justifie par cette phrase d'une philosophie intense : « La présence du personnel du service de santé sur la ligne de feu, en donnant aux combattants les plus exposés la certitude qu'en cas de blessure ils seront immédiatement conduits jusqu'au refuge le plus proche, mis à l'abri d'un nouveau danger et médicalement secourus, constitue un facteur moral qui est de nature à favoriser la cohésion et la valeur des troupes. »

On m'a dit encore : le matériel du service de santé est déjà lourd, encombrant, et manque parfois du nécessaire... Espérez-vous franchement qu'on y ajoute de sitôt ce superflu, ces instruments délicats qui ne peuvent vivre en campagne qu'avec une cohorte véritable de « soigneurs », exercés ? La réponse est encore facile ; il n'est pas question de doter notre service de santé d'un avion orné de la Croix de Genève ; il suffit qu'après la bataille ou pendant les accalmies, quand le triage des blessés s'opère, quand les avions de l'armée ont terminé leur rôle d'estafette, d'éclaireur ou même d'assaillant, ces avions soient mis à la disposition du directeur du service de santé dans les mêmes conditions que les voitures disponibles, réglementaires ou de réquisition. Or, il est facile de prévoir que d'ores et déjà, le type futur de l'avion de combat, apte à porter pilote, observateurs, appareils de télégraphie sans fil, mitrailleuses et munitions, sera facilement et rapidement transformable en véhicules pour blessés.

C'est d'ailleurs aux spécialistes, aux constructeurs et aux aviateurs eux-mêmes qu'il faut s'adresser — et c'est ce que j'ai fait — pour se convaincre de cette dernière opinion, qui est loin d'être une utopie, puisqu'elle représente un projet en voie d'exécution. Voici donc en quelques mots le résultat de cette consultation technique.

L'industrie construit actuellement, et couramment, des appareils de toute puissance, portant des poids élevés à des vitesses très grandes ; l'autobus aérien est pratiquement possible. A ne s'en tenir qu'au point de vue qui nous occupe, rien n'est plus facile que d'enlever six ou huit blessés d'un coup. Toutefois, aucun des appareils existants ne convient : on ne s'imagine pas, en effet, sur nos biplans actuels, six blessés plus ou moins habilement répartis au-dessus et au-dessous des ailes inférieures, exposés aux chocs à l'atterrissage, aux projections d'huile et aux violents courants d'air de la marche, encore qu'il soit facile de les y arrimer sur un brancard convenable en position chirurgicale. Le brancard universel, que j'ai décrit ici-même, s'y adapte très simplement, et remplit à merveille les conditions énoncées par la commission qu'institua l'Association des Dames françaises pour fixer les desiderata du nouveau mode de transport (1). Il n'en est guère question non plus sur les monoplans légers, au fuselage étroit, à l'équilibre si facilement compromis.

La solution est tout autre : l'avion militaire — donc celui qui transportera nos blessés — est une véritable torpille aérienne, à l'avant parabolique, au corps fusi-forme, à hélice postérieure. Le moteur se trouve à l'union du tiers antérieur aux deux tiers moyens, le pilote immédiatement en avant de lui ; et l'avant parabolique, entièrement creux, constitue la chambre où se placent indifféremment les observateurs, les mitrailleuses ou les blessés. Cette chambre, dans les gros modèles, peut avoir 2 mètres de diamètre ; le chargement de quatre brancards y est facile, les hommes y sont à l'abri. Peut-être même, sous chaque aile, métallique comme tout l'appareil, sera-t-il possible d'adapter une cage supplémentaire, bien close, pour un ou deux blessés, ce qui portera à six ou huit le nombre total. Ces chiffres ne doivent pas étonner ; on pourrait les amplifier encore : le pouvoir porteur en particulier étant fonction exponentielle de la surface, il suffit de doubler les proportions pour enlever un poids triple, presque quadruple ; en outre, ce poids lui-même est une garantie de sécurité, la stabilité étant fonction du poids.

Au surplus, cette description n'est pas copiée d'un roman à la Jules Verne ; elle est prise sur un modèle en voie d'achèvement que construit en ce moment, à Complègne, M. Marcel Riffard, ingénieur, avec la collaboration pratique des aviateurs Martinet et Legagneux. Elle résulte de calculs précis, de lois mathématiques qui permettent de considérer dès maintenant cette formule nouvelle comme la plus rationnelle, la plus apte à utiliser toute la force de pénétration de l'appareil aussi bien que la valeur intégrale de la dépression consécutive du fluide. Elle résulte aussi de considérations pratiques qui en rendent, grâce à l'emploi exclusif de l'acier, la construction en série éminemment rapide, sûre, économique, et le démontage facile ; elle répond enfin aux desiderata exprimés par les spécialistes militaires les plus autorisés, entre autres le colonel Bouttieaux.

Il faut donc attendre les essais qui se préparent avec confiance. Mais, pour terminer, et convaincre si possible les sceptiques dont je parlais tout à l'heure, je ne puis résister à la tentation de transcrire ici l'avis d'un homme doublement qualifié dans la circonstance. Grièvement blessé à la suite d'un capotage violent, le célèbre aviateur Martinet, aujourd'hui heu-

(1) Voir *Caducée*, 4 mai et 15 juin 1912.

reusement rétabli, dut être relevé sur un brancard et transporté pendant une demi-heure dans une voiture d'ambulance à quatre roues, dont le cheval, nerveux, accentuait les cahots en manifestant sa crainte des automobiles, nombreux en cet endroit. Il m'a avoué avoir horriblement souffert de ce transport et être persuadé cent fois que le transport par aéroplane ne peut lui être comparé. La question de l'atterrissage, qui effraie tant au premier abord, ne se pose pas, même pour un blessé grave comme lui. A aucun moment (il en est de même de l'envol) on n'a la notion exacte du contact avec le sol, et l'appareil le plus lourd comme le plus léger donne la même sensation d'arrêt progressif et doux, sans secousse. Il suffit pour cela, et je répète le mot qui traduit l'avis unanime sur les aérodromes, que le pilote ne soit pas un « pompier ».

Grâces en soient rendues aux dieux, cet échantillon est rare parmi nos aviateurs de France !

Reconnaissance des blessés sur un champ de bataille au moyen de l'aéroplane,

Par M. le Dr Emile REYMOND, Sénateur.

Conférence faite à l'Union fédérative des médecins de réserve et de territoriale (1).

Je ne suis aucunement préparé à faire une conférence, mais, si vous le voulez bien, je vous raconterai très simplement comment eut lieu cette première tentative de recherche des blessés.

Nous verrons ensuite à en tirer quelques enseignements.

Je ne fus pas autrement surpris lorsque, dans le courant du mois d'août, je reçus de la direction du service de santé l'ordre de me rendre « aux manœuvre d'armée les 16 et 17 septembre 1912 pour procéder à des explorations de champs de bataille en aéroplane en vue de reconnaître les groupements de blessés et d'en indiquer l'emplacement. »

J'avais déjà eu l'occasion de m'entretenir à maintes reprises de cette question avec le Dr Troussaint, directeur du service de santé, et nous avions été, lui et moi, d'avis que pour faire œuvre utile, il fallait de suite employer les avions que nous possédions et déterminer les services qu'ils pouvaient dès maintenant rendre aux blessés militaires. L'avenir permettra de construire des avions avec lesquels se fera l'évacuation des blessés ; il s'agit seulement aujourd'hui de déterminer à peu près leur nombre et leur situation.

Pour que l'expérience fût concluante, il ne suffisait pas que je me rendisse au jour voulu sur le terrain désigné ; il fallait que je fusse capable de mener cette exploration à bien ; or je n'étais pas monté depuis huit mois sur un avion : me voici donc parti pour Etampes quelques jours avant les grandes manœuvres ; j'y retrouve mon monoplan et je constate une fois de plus que l'aviation ne s'oublie pas plus que la natation ou la bicyclette.

Mais, il faut m'entraîner à la recherche des blessés ; je n'ai jamais encore reconnu de blessés du haut d'un avion ; bien mieux, je ne me suis jamais accoutumé à regarder au-dessous de moi.

Au cours d'une promenade, d'un voyage en monoplan, on regarde devant soi, au-dessus du bord antérieur de ses ailes ; c'est la campagne qu'on voit

(1) Extrait de *Paris-Médical*, nº du 10 mai 1913.

au loin, s'étendant jusqu'à la ligne d'horizon ; ce sont les villages et leurs clochers, la ville blanche lointaine dont le sommet de cathédrale se découpe sur le ciel ; ce sont les taches brillantes du fleuve dont on repère la direction générale sans en suivre les boucles multiples.

Et lors même que l'on descend pour atterrir, l'allumage coupé, dans le silence du vol plané, ce que l'on regarde c'est la prairie ou le chaume sur lequel on va se poser ; ils sont au-devant de l'appareil, quelle que soit l'inclinaison de celui-ci ; on n'a pas l'occasion de regarder directement au-dessous de soi et c'est une éducation à laquelle il faut se soumettre : il faut savoir regarder verticalement à travers une échancrure de l'aile droite, comme celle que j'avais fait pratiquer.

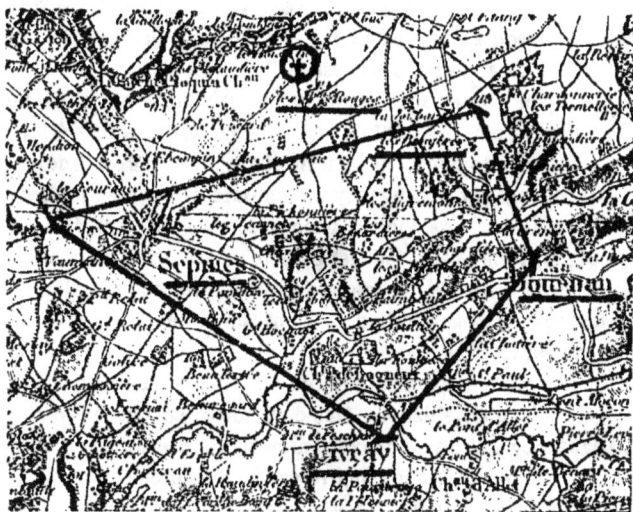

A cinq cents mètres, les objets apparaissent d'ailleurs bien petits ; je constate dès maintenant que l'exploration demandée doit être faite à des hauteurs auxquelles nous n'avons plus l'habitude de voler, à cent mètres, parfois à vingt ; à cette distance du sol, au milieu de la journée, les remous sont parfois violents ; c'est une habitude à prendre, d'autant qu'on doit corriger l'effet de ces secousses sans cesser de se pencher à droite et de regarder en bas par l'échancrure.

Au cours de cette éducation de l'œil, un fait me frappe entre tous ; ce qui permet à l'objet de se bien détacher du sol, c'est moins son volume que la couleur et le mouvement. Dans une cour de ferme sur laquelle je passe, je distingue à peine les paysans qui me regardent immobiles, le nez en l'air, mais j'aperçois de suite la poule blanche qui traverse la cour en battant des ailes ; je puis dès lors juger de l'avantage qu'on trouvera à demander aux blessés d'agiter un objet blanc lorsqu'on les survolera.

Mais pendant que je m'entraîne, les manœuvres commencent ; le 8 septembre, je décide de m'y rendre : je partirai ce soir, coucherai à Pontlevoy et serai le lendemain à Tournon-Saint-Martin sur les bords de la Creuse ; au dernier moment, des préparatifs me retardent, je quitte Etampes alors que le soleil est près de l'horizon, mais je compte sur le vent du nord assez vif pour accélérer ma marche ; à peine en route, de forts remous, de gros nuages, le vent saute et me vient dans le nez : la plaine de la Beauce glisse de plus en plus lentement au-dessous de moi ; lorsque j'aperçois au loin le ruban de la Loire, il fait déjà trop sombre pour que je puisse lire ma carte ; je ne puis atteindre ce soir Pontlevoy. Descendrai-je la Loire jusqu'à Blois ? la remonterai-je jusqu'à Orléans ? je me décide pour Orléans plus éloigné mais où se trouve un champ d'atterrissage.

La nuit vient plus vite encore que je ne pensais, une nuit sans lune et sans étoiles ; devant moi, au bord de la Loire une petite ville s'éclaire autour d'une grosse masse noire que je frôle et reconnais ; c'est une énorme tour, celle de Beaugency. Beaugency est entouré de vignes : mais devant moi, le long du fleuve, une longue traînée sombre ne peut être qu'une prairie ; je pique et me pose : tout est pour le mieux ; personne ne m'aura vu et mon appareil restera là au calme, jusqu'au lever du jour. Mais hélas ! voici toute une théorie de gamins qui dévalent, suivis de centaines de curieux qui veulent voir et toucher.

Jamais je n'ai mieux compris l'utilité des champs d'atterrissage pour vous protéger de la bienveillance même de la foule. La chance veut que le maire de Beaugency soit un de nos plus aimables et distingués confrères, le Dr Hyrernaud, qui offre à l'avion quatre gendarmes protecteurs et à l'aviateur une charmante hospitalité. Le lendemain matin, tout Beaugency est dans la prairie ; je décolle anxieusement entre une double haie de curieux ; enfin j'ai pu partir sans faire de mal à personne.

Et maintenant c'est la belle vallée de la Loire que je descends, Blois qui escalade la rive droite, Amboise sur la rive gauche, Tours que j'aperçois au loin et que je laisse à droite pour traverser les vallées du Cher, de l'Indre ; voici le confluent de la Vienne et de la Creuse. Je remonte la vallée de celle-ci, repérant chaque village pour ne pas laisser passer Tournon-Saint-Martin ; en même temps que je reconnais celui-ci, à quelques kilomètres en amont je vois déjà l'arche du hangard de dirigeable ; je descends en face de lui dans un champ de betteraves, fraîchement transformé en terrain d'atterrissage ; à quelques pas de moi un groupe d'officiers parmi lesquels j'ai le plaisir de reconnaître le général Hirschauer.

Si je me suis laissé aller jusqu'ici à vous raconter, au cours de mes souvenirs, mon arrivée aux manœuvres, je me garderai d'abuser de votre attention en vous disant mes évolutions journalières, qui n'eurent d'ailleurs que de lointains rapports avec le sujet qui nous intéresse en ce moment.

Je vous demanderai donc de bien vouloir vous reporter de suite au 17 septembre, jour où devait avoir lieu l'expérience pour laquelle j'avais été convoqué.

Je m'assurai dès le matin du bon fonctionnement de mon aéroplane que j'avais remisé sous une tente au sud de Sainte-Maure, à l'angle des routes de Sainte-Maure à Chatellerault et à Ligueil.

A dix heures du matin, n'ayant pas reçu d'ordre et craignant une erreur je m'enquis de la situation qu'occupait l'état-major de la 9ᵉ division et m'y rendis en automobile pour me mettre directement en rapport avec M. le médecin divisionnaire.

Celui-ci me donna le texte de la dépêche que je trouvai plus tard en rentrant à Sainte-Maure.

« Blessés se trouvant dans quadrilatère Sepmes, Civray, Bournan, Bruyères, principalement sur cote 112. Prière nous renseigner exactement. »

J'appris d'autre part que le nombre des blessés serait de 300 et qu'on me laissait le choix du procédé pour porter les renseignements à la connaissance de M. le médecin divisionnaire.

Je partis aussitôt pour Sainte-Maure que je quittai en aéroplane, prenant la direction de Sepmes. Il faisait peu de vent, mais les remous étaient violents au-dessous de 150 mètres.

Passant au-dessus de Sepmes, avant d'entrer dans le quadrilatère désigné je voulus repérer la situation de l'état-major divisionnaire, car j'avais, dès ce moment, l'intention de porter directement le résultat de mes recherches à M. le médecin divisionnaire.

L'état-major se trouvait à 3 kilomètres au nord-est de Sepmes sur un petit chemin allant dans la direction de Bossé, à la hauteur d'une ferme non indiquée sur la carte au 80.000ᵉ, mais voisine celle dite : « les Maisons Rouges » cote 114.

Je survolai ce point et reconnus facilement l'état-major, puis je revins à Sepmes et passai au-dessus des quatre points limitant le quadrilatère ; je constatai que ce périmètre avait été parcouru en treize minutes.

Le quadrilatère est coupé par la route de Sepmes à Bournan : celle-ci était sur toute sa longueur encombrée de voitures et de troupes.

J'explorai successivement les deux portions du quadrilatère situées en dessous et en dessus de la route Sepmes-Bournan. Dans la portion située au sud de la route, je ne pus découvrir aucun groupement de blessés ; en revanche les troupes y étaient nombreuses et en pleine action ; à côté du

7

château de Bagneux, au confluent des ruisseaux de la Riolle et du Ligoin,
cote 100, je crus un instant avoir découvert une agglomération importante
de blessés, mais il me suffit de repasser sur ce point en me rapprochant
du sol, pour constater qu'il s'agissait de spectateurs sans uniformes.

J'explorai alors le terrain situé au-dessus de la route entre Sepmes-Bournan et la plaine des Bruyères.

La route qui limite au sud cette portion du quadrilatère décrit deux
courbes à concavités tournées vers le nord : celle de l'ouest contourne une
éminence de terrain — cote 101 — sur les flancs de laquelle étaient dispo-
sés de nombreux fantassins espacés et couchés sur le sol, mais dont la
disposition en lignes régulières ne permettait pas la confusion avec des
groupements de blessés ; dans le voisinage de la crête, plusieurs batteries
et de nombreux groupes de curieux : pas de blessés.

La seconde courbe de la route, à l'est de la première, contourne elle
aussi une éminence de terrain, dont le sommet est à la cote 112 et dont le
flanc sud-est descend rapidement jusqu'à la rivière de la Riolle.

C'est sur ce coteau qu'il nous fut permis de découvrir des groupes de
blessés plus ou moins éloignés de la route et se présentant à nous sous des
aspects très divers.

C'est ainsi que les blessés peu éloignés de la route, couchés en groupes
irréguliers, nous firent, au moment où nous les survolions, des gestes qui
rendaient le repérage facile, surtout quand ils agitaient un mouchoir.

D'autres blessés placés plus au nord sur le petit plateau, entre les maisons
dites « les Bénardières » et « les Tabardières » étaient moins faciles à
reconnaître, un certain nombre ayant abandonné la position horizontale :
toutefois nous pûmes constater qu'il suffisait de descendre en passant sur
leurs têtes pour qu'ils s'étendissent comme leurs camarades, ne laissant
pas de doute sur le rôle de blessés qu'ils étaient chargés de remplir.

Enfin, un peu plus au nord, nous avons trouvé un certain nombre de
fantassins marchant par petits groupes irréguliers, quelques-uns portant
des brancards et nous avons supposé que c'étaient des blessés et des brancardiers déambulant de concert et ayant oublié leurs fonctions réciproques.

En se rapprochant de la ligne limitant au nord le quadrilatère, il ne
fut plus reconnu aucun groupement de blessés, en particulier sur le plateau
dit « des Bruyères », le seul terrain dépourvu de curieux et de troupes et
où la reconnaissance eût été, de ce fait, rendue très aisée.

Pour porter à la connaissance du médecin divisionnaire le résultat de
l'exploration, il nous fut facile de retrouver la position de l'état-major du
9e corps. De nombreux officiers du corps de santé étaient groupés à côté
d'une ferme, le long d'un petit pré dans lequel nous atterrimes.

Les renseignements fournis portaient sur la situation ci-dessus indiquée des groupes de blessés, sur la situation des troupes combattantes dont le feu d'artillerie et de mousqueterie ne laissait la relève des blessés possible qu'en passant au nord de la cote 101, enfin sur le nombre des blessés.

J'avais noté pour chaque groupe de blessés le nombre approximatif de ceux-ci, et, en faisant l'addition, c'est à peine si j'arrivais à un total d'une centaine ; nous étions loin des 300 blessés qui devaient être répartis dans le quadrilatère ; aussi m'empressai-je de faire cet aveu en descendant d'aéroplane ; c'est alors que j'appris, non sans quelque satisfaction, qu'au dernier moment, on n'avait disposé que du tiers des soldats devant, au cours de l'expérience, jouer le rôle de blessés.

La manœuvre que je viens de raconter, les expériences auxquelles nous avons pu nous livrer d'autre part, nous permettent peut-être quelques remarques au sujet de l'emploi de l'aviation par le service de santé en campagne.

a) *Par quelle fraction d'une armée l'avion pourrait-il être employé pour repérer les blessés ?* — Est-ce par une division ?

L'expérience du 17 septembre est intéressante à cet égard.

Même en admettant que le terrain sur lequel une division, à la suite d'une bataille, laisse ses blessés, soit plus étendu que le quadrilatère choisi le 17 septembre, il nous paraît bien évident que l'action utile de l'avion peut et doit être beaucoup plus large.

Au cours de l'exploration que nous avons été chargé de faire, c'est en treize minutes que nous avons enveloppé le terrain choisi ; l'intérieur du quadrilatère a été survolé par une série de courbes faisant passer plusieurs fois au même point, ce qui pouvait prêter à certaines erreurs ; l'observation aérienne est beaucoup plus facile en lignes droites, prolongées.

Un exemple fera mieux comprendre ce qui, tout d'abord, semble paradoxal ; à la fin de notre exploration, nous faisons l'addition des chiffres indiquant approximativement le nombre des blessés de chaque groupe ; le travail ne dure qu'un instant pendant lequel nous laissons l'appareil filer droit son chemin ; nous regardons à nouveau le terrain ; un fleuve se déroule devant nous ; coup d'œil à la boussole : sud-sud-est ; à la carte : c'est la Creuse ; celle-ci est traversée par deux ponts voisins, route et chemin de fer nouveau coup d'œil à la carte : Port-de-Piles ; — virage : devant nous la route de Sainte-Maure, à droite le clocher de Sepmes ; nous revenons au quadrilatère dont nous nous étions éloigné de 5 kilomètres, alors que lui-même n'en mesure que 4 par son plus grand côté ; la perte de temps n'est pas considérable, mais elle nous a obligé à nous repérer dans une région autre que celle que nous avions à explorer.

Supposons maintenant qu'un aviateur eût été chargé de donner des indications sur les blessés du corps ou même des corps d'armée désignés ce même jour pour défendre le passage de la Vienne et ayant combattu sur la rive droite de cette rivière.

L'aviateur suit cette rive survolant les blessés laissés sur la ligne de feu la plus avancée. Arrivé au point où manquent les traces laissées par l'action, il vire et revient suivant une ligne parallèle à la première, mais à un kilomètre en arrière d'elle ; ces lignes à peu près droites sont faciles à suivre parce que les points de repère choisis, étant lointains, sont faciles à conserver ; l'aviateur, ayant parcouru le nombre de parallèles nécessaires, en s'éloignant chaque fois davantage de la rivière, peut rapporter au directeur du service de santé du corps d'armée les indications sur l'étendue de la ligne de feu, la profondeur du champ de bataille, l'emplacement des groupes de blessés les plus considérables.

Conclusion : l'avion du service de santé paraît devoir être actuellement un organe de *corps d'armée*; si l'emploi en était accepté leur nombre resterait donc très limité.

b) *A quel moment l'avion peut-il fournir des renseignements concernant les blessés tombés sur le champ de bataille ?* — L'exploration peut être faite durant l'action : mais, elle sera bien plus aisée et peut-être plus indiquée lorsque l'action a cessé.

c) *Moyens d'exploration.* — L'appareil dont nous nous sommes servi était un monoplan monoplace. Le groupement de blessés était reconnu d'abord par devant les ailes ; en passant au-dessus de lui on en précisait les éléments par l'échancrure pratiquée dans l'aile droite.

La hauteur la plus convenable pour cette exploration nous a paru correspondre à 100 ou 150 mètres ; quand le besoin s'en présente, on descend à moins de 50 mètres du sol.

La carte au 80.000e est d'un usage difficile ; le mieux est de se servir de de la carte au 200.000e pour les points de repère éloignés et de la carte au 50.000e facile à lire et à annoter pour l'exploration du champ de bataille lui-même.

Pour faire reconnaître par les blessés l'avion que je montais, j'avais fait peindre une croix de Genève, sous chacune des ailes : la croix rouge se voit fort bien et permet aux blessés d'attirer à leur tour l'attention de l'aviateur.

Pour cela, le blessé doit, s'il le peut, agiter quelque chose, un mouchoir, autant que possible.

En campagne, cette tendance à faire signe à l'aéroplane porteur de la croix de Genève sera toute naturelle chez le blessé ayant hâte qu'on vienne le relever. Elle sera d'autant plus utile que c'est pour l'aviateur la seule façon de distinguer le blessé du cadavre.

Si des expériences devaient être renouvelées, il faudrait donner à cet égard des instructions précises aux hommes constituant le classique « nid de blessés ».

d) *Quel procédé peut employer l'aviateur pour communiquer le résultat de son exploration ?* — Au cours de l'expérience du 17 septembre, nous n'avons eu aucune difficulté à rejoindre l'état-major de la 9ᵉ division, auquel était attaché M. le médecin divisionnaire.

Nous avons atterri dans le champ même où il se trouvait, et, au cas où cela eût été malaisé, les chaumes voisins eussent offert un atterrissage très suffisant.

Au cas où, comme nous le disions, chaque aéroplane du service de santé correspondrait non à une division, mais à un corps d'armée, la liaison entre l'aviateur et le directeur du service de santé de corps d'armée serait encore plus facile, car celui-ci reste en contact avec le poste de commandement du général commandant le corps d'armée et ce dernier dispose d'une escadrille d'aéroplanes dont le champ d'atterrissage est à proximité.

Nous nous sommes contenté d'étudier les services que peut rendre l'avion au service de santé en ce qui concerne la reconnaissance des blessés.

Est-il besoin de dire que dès maintenant son rôle serait bien plus étendu ? liaison entre le médecin de corps d'armée et les médecins divisionnaires, liaion avec l'arrière, apport de pansements en quelques minutes aux points où ceux-ci manquent.

Je me garde de faire allusion aux transports des blessés, non pas que la question ne me paraisse du plus haut intérêt mais nous entrons là dans le domaine des recherches et des expériences et j'ai voulu me tenir dans celui où, dès maintenant, en se servant des appareils dont nous disposons actuellement, il est possible de réaliser de vrais progrès, de sauver, au cours d'une campagne, un nombre considérable de blessés.

Les dernières guerres, celle des Balkans en particulier, nous apprennent que c'est par milliers que des blessés séjournent sur un champ de bataille, pendant plusieurs jours avant d'être relevés ; ils y meurent d'abandon plus encore que de leurs blessures.

Or, c'est parfois à une petite distance d'eux que se trouvent, inactifs les moyens de secours. Pourquoi ? Parce que ceux-ci ne peuvent avoir d'autres renseignements que ceux que leur fournit l'état-major et nous savons par expérience que l'état-major en campagne a d'autres soucis que les déchets de l'armée. Entre le blessé et celui qui pourrait le sauver, manque le trait d'union.

Il ne tient qu'à nous de mettre à la disposition du directeur du service de santé de corps d'armée l'avion qui joue ce rôle et lui permet de prendre ses dispositions et de donner ses ordres.

J'aurais voulu, avant de terminer, vous parler de la situation de l'avion du service de santé par rapport à la convention de Genève.

Mais je sais que M. Julliot a fait, il y a peu de temps, une intéressante conférence sur ce sujet. Et puis je me demande si le moment est déjà venu d'agiter cette question internationale. Lorsqu'on est certain qu'une œuvre est utile, on la construit d'abord, on étudie ensuite ses rapports avec les formules préexistantes.

Ministère des Affaires étrangères. Direction des Affaires administratives et techniques (Sous-Direction des Unions Internationales et des Affaires Consulaires).

Paris, le 10 février 1913.

Monsieur le Président de la Ligue Nationale Aérienne, Paris.

Monsieur le Président, à la date du 26 novembre dernier, vous avez communiqué à mon prédécesseur le texte d'un vœu émis par le Comité de Contentieux de la Ligue Nationale aérienne et tendant à ce que le Gouvernement de la République prenne l'initiative de réunir une Conférence internationale ayant pour but de réglementer la protection, en temps de guerre, des aéroplanes chargés de recueillir les blessés.

M. Poincaré avait fait examiner cette question par les Services compétents du Ministère des Affaires Etrangères et par les autres Administrations intéressées.

Les observations auxquelles a donné lieu cette étude sont reproduites dans la note ci-jointe.

Il en résulte, ainsi que vous le verrez, que le projet visé dans le vœu que vous m'avez signalé, ne pourrait, dans l'état actuel des choses, donner lieu opportunément à une initiative de notre part.

D'ailleurs, la tentative infructueuse d'une réglementation internationale de la navigation aérienne en temps de paix, qui a fait, comme vous le savez, l'objet d'une Conférence internationale tenue à Paris en 1910, ne permettrait point d'envisager comme probable, en ce moment, un accord des Gouvernements intéressés sur le service des aéroplanes chargés de recueillir les blessés en temps de guerre.

Agréez, Monsieur le Président, les assurances de ma considération la plus distinguée.

Pour le Ministre et par autorisation,
Le Ministre plénipotentiaire Directeur.
Signé : Illisible.

NOTE

Au point de vue technique, il serait prématuré de provoquer la réunion d'une Conférence internationale en vue de réglementer la protection, en temps de guerre, des aéroplanes chargés de recueillir les blessés, avant d'avoir trouvé les moyens, actuellement à l'étude, de rendre visibles à distance la nationalité ou l'affectation d'un aéroplane en plein vol.

D'autre part, en admettant que ces appareils puissent être utilisés sans trop de difficulté pour le service dont il s'agit, il n'est pas aisé de concilier l'action bienfaisante ainsi envisagée avec l'emploi hostile auquel ils peuvent être affectés.

Les aviateurs ne seraient-ils pas amenés à être des éclaireurs spécialement protégés? Quelle garantie pourra-t-on avoir qu'ils se cantonneront dans leur mission philanthropique? Le problème de la conciliation des intérêts de l'humanité avec les exigences militaires se présente dans des conditions autrement difficiles que pour les ambulances.

Enfin, la France avait pris l'initiative de la convocation, en 1910, d'une Conférence pour régler la navigation aérienne internationale. Après des travaux prolongés, la Conférence a dû s'ajourner à quelques mois, puis indéfiniment. Il ne s'agissait que de la navigation en temps de paix. Ne serait-il pas un peu singulier, après cet échec, de laisser de côté le problème général et d'en prendre un des aspects particulièrement difficiles? Il ne semble pas que le temps soit encore venu pour délibérer sur une question qui n'est pas mûre. Notre initiative pourrait paraître suspecte parce que nous passons pour être les plus avancés en matière d'aviation.

ANNEXE XVI

Rapport fait au nom de la Commission chargée d'examiner le projet de loi, adopté par la Chambre des députés, portant approbation de la convention signée à Genève le 6 juillet 1906 pour l'amélioration du sort des blessés et malades dans les armées en campagne,

Par M. CACHET, sénateur.
(Sénat, Annexe au procès-verbal de la séance du 15 mai 1913.)

Messieurs, . . .

Notre collègue, M. le docteur Reymond, médecin-major de l'armée territoriale, aviateur hardi et des plus expérimentés, a survolé avec son appareil le champ de bataille de Sainte-Maure, après l'action et a pu facilement déterminer l'emplacement des principaux groupements de blessés et les postes de secours, et donner au médecin divisionnaire des indications précises qui lui ont permis d'orienter utilement les recherches des brancardiers. Il a tenu ainsi à indiquer la possibilité de rechercher et de déterminer la situation des blessés avec les moyens que nous possédons dès maintenant, tandis que le problème de la relève et du transport des blessés par aéroplanes est encore à l'étude et dépend d'appareils que nous n'avons pas encore. Au mois de novembre 1912 le Président de la Ligue nationale aérienne a transmis au Ministère des Affaires étrangères un vœu émis par le Comité du contentieux de cette association et tendant à ce que le Gouvernement de la République prît l'initiative de réunir une conférence internationale ayant pour but de réglementer la protection en temps de guerre des aéroplanes chargés de recueillir les blessés. Sur les instructions de M. Poincaré, alors Ministre des Affaires étrangères, cette proposition fit l'objet d'une étude très approfondie tant de la part des services du Ministère des Affaires étrangères que de ceux des autres départements ministériels intéressés.

L'initiative demandée ne parut pas opportune pour les raisons suivantes :

« Au point de vue technique, il serait prématuré de provoquer la réunion d'une conférence internationale en vue de réglementer la protection, en temps de guerre, des aéroplanes chargés de recueillir les blessés, avant d'avoir trouvé les moyens, actuellement à l'étude, de rendre visible à distance, la nationalité ou l'affectation d'un aéroplane en plein vol.

« D'autre part, en admettant que ces appareils puissent être utilisés sans trop de difficulté pour le service dont il s'agit, il n'est pas aisé de concilier l'action bienfaisante ainsi envisagée avec l'emploi hostile auquel ils peuvent être affectés. Les aviateurs ne seraient-ils pas amenés à être des éclaireurs spécialement protégés ? Quelle garantie pourrait-on avoir qu'ils se cantonneront dans leur mission philanthropique ? Le problème de la conciliation des intérêts de l'humanité avec les exigences militaires se présente dans des conditions autrement plus difficiles que pour les ambulances.

« Enfin la France avait pris l'initiative de la convocation, en 1910, d'une conférence pour régler la navigation aérienne internationale. Après des travaux prolongés la conférence a dû s'ajourner à quelques mois, puis indéfiniment. Il ne s'agissait que de la navigation en temps de paix. Ne serait-il pas un peu singulier après cet échec, de laisser de côté le problème général et d'en prendre un des aspects particulièrement difficiles ? Il ne semble pas que le temps soit encore venu pour délibérer sur une question qui n'est pas mûre. Notre initiative pourrait paraître suspecte, parce que nous passons pour être les plus avancés en matière d'aviation.» Tentative prématurée. C'est possible : c'est la réponse fondée et bien excusable de ceux qui sont au courant des innombrables difficultés qui se présentent chaque fois qu'il est question d'ajouter un article à la législation internationale. Mais il n'y a pas longtemps, tout ne semblait-il pas prématuré et impossible en aviation ? Cette fois encore les difficultés qui paraissent au premier abord insurmontables, disparaîtront, et les prétentions des innovateurs s'imposeront par la force des choses. C'est la loi du progrès. L'avion sanitaire est à l'ordre du jour. A la solution de ce problème, des initiatives privées se sont attachées avec une très louable ardeur. La ligue nationale aérienne que M. Julliot, officier d'administration de territoriale, dans le service de santé, a su intéresser à cette question, s'est mise à la tête de ce mouvement. On discute, on étudie des projets. Le dévouement de nos aviateurs, qui payent si chèrement les perfectionnements nécessaires à leurs appareils, fera le reste, et les blessés, tombés sur le champ de bataille auront, dans un avenir prochain, il faut l'espérer, une chance de plus d'être reconnus et soignés à temps.

ANNEXE XVII

Un hôpital volant (1).

Un Américain naturalisé anglais, S.-F. Cody, vient d'expérimenter à Al-dershot un hôpital volant : c'est un biplan pourvu de tous les instruments nécessaires pour soigner les blessés, même d'une table d'opérations : ces instruments, quoique d'une légèreté exceptionnelle, sont d'une excellente qualité. Cet aéroplane servirait, en temps de guerre, à porter des secours rapides là où les ambulances ordinaires ne peuvent parvenir que lentement et difficilement.

Le colonel Donegan, directeur des services médicaux de l'armée anglaise, a contribué à établir les plans de cet hôpital d'un genre nouveau.

(1) *Le Matin* du 22 juillet 1913.

ANNEXE XVIII

Les ambulances aériennes (1).

Deux rapports ont été lus à la section militaire et navale de santé, par le major Birrel, sur l'œuvre de la Croix-Rouge britannique auprès des Bulgares et par le lieutenant-colonel Donegan, sur l'utilité des avions-ambulances en campagne. Le colonel Donegan est d'avis que dans quelques années, on aura remplacé les ambulances actuelles par des aéroplanes. Il conseille d'employer dans ce but un grand biplan qui transporterait, outre le pilote, trois médecins ou infirmiers et une table d'opérations pour opérer les blessés sur place.

(1) *La Revue aérienne* du 10 août 1913.

TABLE DES MATIÈRES

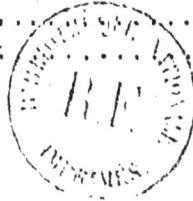

Imp. J. Thevenot, Saint-Dizier (Haute-Marne).

Imp. J. Thevenot. — Saint-Dizier (Haute-Marne).

www.ingramcontent.com/pod-product-compliance
Lightning Source LLC
Chambersburg PA
CBHW052042270326
41931CB00012B/2600